PLAIDOYER

DE M. HENNEQUIN,

DANS LE PROCÈS

DE LA

GAZETTE DE FRANCE.

PARIS, IMPRIMERIE DE BÉTHUNE,
RUE PALATINE, N. 5.

PLAIDOYER

DE M. HENNEQUIN,

DANS LE PROCÈS

DE LA

GAZETTE DE FRANCE,

SUIVI DE LA RÉPLIQUE, DES PIÈCES JUSTIFICATIVES ET DU JUGEMENT.

PARIS.

A LA BIBLE D'OR,

J.-J. BLAISE, LIBRAIRE, RUE FÉROU, N° 24,

PRÈS DE SAINT-SULPICE.

—

1828.

PLAIDOYER

DE M. HENNEQUIN,

DANS LE PROCÈS

DE LA

GAZETTE DE FRANCE.

TRIBUNAL
DE
POLICE COR-
RECTION-
NELLE.
Audience du
12 novem.
1828.
—

M. MESLIN,
président.

M. CHAMPA-
NET, subs-
titut de M
le procur
du Roi.
—

MESSIEURS,

L'erreur qui conduit aujourd'hui devant vous les nouveaux ministres a souvent égaré leurs devanciers. C'est toujours cette illusion qui, confondant le ministère, moyen d'action du gouvernement, avec le gouvernement même ; signale comme des outrages pour la puissance souveraine des censures qui ne sont dirigées que contre ses agens nécessaires et responsables. Je conçois, en effet, combien serait précieuse et tutélaire cette solidarité que, depuis 1814, les ministres de toutes les époques se sont efforcés d'établir entre eux et le pouvoir qui les choisit et qui les emploie. Que cette communauté d'existence soit proclamée par le pouvoir judiciaire, et l'on verra le droit de critique et de censure que la loi fondamentale a consacré s'altérer et s'éteindre dans les sentimens de respect et d'amour que le monarque inspire. Qu'il soit proclamé par la jurisprudence que ces mots : *le ministère*, et ceux-ci, *le gouvernement du Roi*, sont des expressions synonymes, et les ministres, cachant avec habileté de profonds ressentimens sous les

1

apparences du devoir, sauront prêter à des vengeances toutes personnelles les couleurs du zèle et de la fidélité.

Heureusement, Messieurs, pour le maintien du droit d'écrire, que le pouvoir judiciaire a toujours su se garantir des méprises dans lesquelles on a tant de fois essayé de l'entraîner, et que les tentatives reproduites si souvent n'ont servi qu'à rendre plus certaine, plus incontestable la distinction, que l'intérêt public réclame et qui s'établit d'après les termes mêmes de la charte constitutionnelle, entre le gouvernement du Roi et les intermédiaires dont le monarque a besoin pour exercer sa souveraine et paternelle influence. Les ministres passés ont inutilement tenté cette importante conquête : les ministres actuels seraient-ils donc aujourd'hui plus heureux? Obtiendraient-ils de vous cette importante immunité?

Rappeler cette distinction qui doit éclairer d'une vive lumière et le fait et la discussion, c'est avoir peut-être justifié le jugement qui fut porté sur cette cause par les hommes de tous les partis, et par les organes de toutes les opinions.

Les travaux de la session touchaient à leur terme, la lutte allait être suspendue, et il était possible de jeter un regard en arrière pour constater les triomphes et les défaites, c'était le moment des récapitulations et des résumés.

Renfermant dans quarante lignes le tableau des actes qui avaient rempli les sept mois qui venaient de finir, la *Gazette de France*, dans son numéro du 5 août, a fait usage d'un droit qui ne paraît pas contestable, celui de retracer le passé, d'apprécier les actes du pouvoir et de conjurer les orages qu'elle croyait apercevoir dans l'avenir.

Je dis, Messieurs, que la *Gazette* a raconté le passé, car enfin il n'est pas nécessaire de se précipiter dans les profondeurs de la discussion pour reconnaître que sur les quarante lignes accusées, il y en a vingt-cinq qui sont consacrées à la reproduction fidèle de faits notoires, de faits consommés sous nos yeux, de faits qui désormais sont tombés dans le domaine de l'histoire, je dis encore que la *Gazette* a prononcé sur les actes du pouvoir, et que si les opinions renfermées dans le numéro mis en accusation peuvent être le sujet d'une réfutation, il est impossible d'y trouver la matière d'un procès criminel.

Enfin, Messieurs, qu'il soit permis de contempler sans inquiétude les développemens, l'influence que le changement arrivé dans les affaires publiques a récemment donnés au principe démocratique, je le conçois; mais pourquoi passer de la sécurité à l'ingratitude, pourquoi payer des conseils par des accusations?

Voilà, Messieurs, les réflexions très-sommaires, sans doute, qui m'autorisent à dire que la *Gazette*, dans l'article du 5 août, a fait usage d'un droit, et que c'est méconnaître les principes élémentaires des gouvernemens représentatifs, que c'est nier la liberté de la presse que d'avoir trouvé là l'occasion de se livrer à des saisies, à des plaintes et à des poursuites.

Je vous l'ai dit, Messieurs, et c'est le jugement que l'opinion publique a porté du procès; on s'est étonné de voir l'autorité nouvelle, oubliant sa récente origine et ses engagemens, se mettre en état d'hostilité avec la première des libertés publiques; on n'a pas compris ce mouvement de dépit, d'impatience, et l'on n'a expliqué tant d'irritabilité que par la jeunesse même du ministère qui ne l'a pas encore endurci aux traits de l'opposition. Ce qui surtout a contristé les amis des ministres, c'est que sous un rapport saisi pourtant par tous ceux qui ont quelque connaissance des discussions politiques, l'accusation se revêtait d'un caractère véritablement odieux, l'article du 5 août n'est que la reproduction des opinions émises dans les deux chambres par la minorité, c'est donc l'opinion de la minorité qu'on veut flétrir par une condamnation judiciaire, et voilà précisément ce qui n'est ni français, ni parlementaire; on veut se venger des hommes dont on n'a pas eu le courage de suivre les conseils, on croit les intimider peut-être, et ce n'est pas seulement la liberté de la presse, c'est encore celle de la tribune que l'on essaye d'enchaîner.

Au surplus, ce qui reste certain pour tous les esprits, c'est que cédant au désir de se venger d'une opinion qui dans les colonnes d'un journal ne se trouve plus armée de l'inviolabilité parlementaire, le ministère n'a pas montré de discernement dans le choix de l'article incriminé.

Cet article du 5 août n'est, après tout, que l'expression décolorée des articles que la *Gazette* a publiés depuis l'ouverture de la session; c'est la doctrine générale de ce journal réduite à sa plus simple expression, c'est un article à ce point inoffensif qu'il était passé inaperçu même de la malveillance, et qu'en apprenant que le numéro du 5 août était saisi, il a fallu rechercher avec une sorte de contention d'esprit quelle était la phrase de ce numéro dont se préoccupait si fort le ministère, et l'on pouvait assurément balancer entre le passage placé sous la rubrique de Paris, entre celui intitulé : *de l'ordre légal*, et l'analyse d'une nouvelle brochure (celle de M. Cottu) non pas que chacun de ces articles dût paraître coupable, mais précisément parce qu'écrit dans le même esprit et dans le même style, aucun des trois n'avait de droit particulier aux préférences du ministère.

Et ne croyez pas, Messieurs, que ce sentiment moral, que ce jugement de la conscience publique que j'invoque en ce moment, soit une supposition officieuse et sans réalité; c'est dans le sein même du tribunal que je trouve la preuve qu'il est possible de lire l'article accusé sans comprendre l'accusation.

La chambre du conseil s'est réunie, et la chambre du conseil a déclaré qu'il n'y avait pas lieu à accusation. Un pouvoir qui doit se contenter d'une apparence de culpabilité pour autoriser un examen plus approfondi, n'a pas pensé que la mise en accusation fût tolérable, et peut-être serait-ce mal comprendre l'arrêt de la cour qui vous a saisi du procès, que d'y trouver la manifestation d'une réprobation quelconque.

Dans la région élevée où siègent les cours royales, dans cette région qui est votre avenir, le pouvoir judiciaire peut ne pas faire remise au pouvoir politique d'une démarche inconsidérée. Pourquoi ne pas ouvrir la carrière? Pourquoi les questions importantes et vitales qui se rattachent à l'article menacé ne seraient-elles pas publiquement discutées? Si le pouvoir a compris le droit public, il faut qu'il le prouve, et que la France le sache. S'il est agité de la passion des procès politiques, il faut qu'il en soit promptement guéri. Une démarche qui n'entraîne aucune réprobation, aucun préjugé, est un bienfait pour l'opinion accusée qui reçoit ainsi une occasion solennelle de se faire entendre. Au surplus, l'unanimité sur la question préjudicielle n'a point existé dans les deux degrés de juridiction; et puisqu'il est vrai que des magistrats conscientieux, que des magistrats éclairés n'ont pas trouvé dans l'article l'apparence d'un délit, il n'est permis à personne de parler *d'évidence*, ni *de sens intime*, toutes expressions judicieusement employées par le ministère public, mais dans lesquelles les regards les moins pénétrans reconnoîtront l'impossibilité de justifier une accusation témérairement intentée.

Nous sommes enfin devant vous; et sans me préoccuper davantage de la manière dont le ministère public a considéré sa cause, je dois vous dire comment la mienne se présente à mes yeux.

La question posée par l'accusation est celle-ci :

L'article du 5 août 1828 renferme-t-il les caractères du délit prévu et réprimé par l'article 4 de la loi du 25 mars 1822 ? En d'autres termes, cet article a-t-il appelé la haine et le mépris sur le gouvernement du Roi ?

Question qui sera résolue quand 1° nous aurons réfléchi sur la législation répressive de la presse ; 2° quand, guidés par les principes dont nous aurons reconnu la vérité, nous aurons revu avec une impartiale attention chacun des paragraphes dont se compose l'article incriminé ; 3° quand, enfin, nous aurons dissipé jusqu'à la plus légère incertitude, que des objections non présentées mais possibles pourraient exciter dans vos esprits.

Législation répressive de la presse.

Aux premiers jours de la restauration, et lorsque la liberté de la presse qui, dans la vérité, ne date que de cette époque, avait été proclamée par la charte constitutionnelle, les tribunaux se trouvèrent dans un assez grand embarras. Le droit d'écrire était reconnu, mais les lois répressives n'existaient point encore, cependant des écrits dangereux se répandaient de toutes parts.

On pouvait sans doute ouvrir le Code pénal, mais le Code pénal ne traite de la calomnie que dans le livre qui s'occupe des délits envers les particuliers, et il y avait de l'inconvénient, comme j'eus l'occasion de le faire remarquer alors, de faire descendre si bas la royauté, lorsqu'il fallait la venger sans compromettre sa dignité. Avocat des accusés dans l'un des premiers procès politiques qui se soit agité en France, voici comment je résistais à l'application du Code pénal.

Lorsqu'un procès pour cause de calomnies, disais-je, s'agite entre des particuliers, les choses sont égales, l'accusé peut invoquer pour sa défense, la preuve légale qu'il trouverait dans la signature de son adversaire (1), mais avec un souverain, la seule pensée de cette défense conduirait à l'oubli de

---

(1) Art. 368 et 370 du Code pénal.

toutes les convenances, il y a lacune dans la loi, et les omissions du législateur ne peuvent pas être réparées par le juge.

Il y avait en effet absence de dispositions : Buonaparte ne s'était point occupé d'un délit dont le préservait cette terreur qu'inspire l'arbitraire ; moyen de gouvernement que dédaigneront toujours les rois dignes de l'être.

Tout le monde se rappelle que M. le garde-des-sceaux, en venant proposer la loi du 9 novembre 1815, commença par déclarer que cette loi avait pour objet de remplir une lacune et de remplacer par une disposition spéciale les articles du Code pénal dont l'application momentanée avoit alarmé les esprits justes, les partisans de la royauté et les amis des convenances.

La loi du 5 novembre déclare séditieux tous ceux qui, par des cris, par des discours ou des écrits, auront tenté d'affaiblir le respect dû à la personne ou à l'autorité du Roi.

Cette loi était un bienfait, sans doute, et cependant la législation protectrice de la royauté se trouvait encore incomplète.

La loi du 17 mars 1819 vint offrir à la royauté de nouvelles garanties.

Aux termes de cette loi, est punie des peines de la sédition toute attaque formelle soit contre l'inviolabilité de la personne du Roi, soit contre l'ordre de successibilité au trône, soit contre l'autorité constitutionnelle du Roi et des chambres.

La loi du 25 mars 1822, portant plus loin la prévoyance, a voulu attribuer des garanties distinctes et séparées :

1° A la dignité royale.

2° A l'ordre de successibilité.

3° Aux droits que le Roi tient de sa naissance, ainsi qu'à ceux en vertu desquels il a donné la charte.

4° A son autorité constitutionnelle.

Toutes les attaques dirigées par la voie de la presse sur l'un des points que je viens de signaler sont punis par une peine corporelle.

Enfin, l'article 4 déclare que « quiconque par des discours » ou des écrits aurait excité à la haine ou au mépris du » gouvernement du Roi sera puni d'un emprisonnement d'un » mois à quatre ans, et d'une amende de cent cinquante francs » à cinq mille francs. »

Il est si parfaitement évident que le ministère et le gouvernement du Roi sont choses distinctes et séparées, que le projet s'arrêtait là. Le projet, après avoir prononcé des peines corporelles contre l'injure faite au gouvernement du Roi, n'avait pas établi au profit du droit d'écrire une réserve dont la nécessité ne se faisait pas sentir.

Ce fut pour prévenir toute hésitation, ce fut pour se jeter au devant des méprises que la commission, en admettant le principe posé dans le projet, crut devoir ajouter à titre d'explication ces mots qui forment aujourd'hui le paragraphe 2 de l'article.

« La présente disposition ne peut pas porter atteinte au » droit de discussion et de censure des actes du ministère.

Voici dans quels termes cet amendement était justifié par le rapporteur : (1)

« L'article 4 du projet punit celui qui aurait excité à la » haine ou au mépris du gouvernement du Roi. Ces expres- » sions, bien approfondies, ne paraissent présenter aucune » équivoque : il s'agit des formes du gouvernement du Roi, » de ses divers modes d'action ; cette expression générale se » trouve employée par la charte dans ce sens, et ce serait un » blasphême politique que d'isoler le gouvernement de la per- » sonne du Roi, d'oser dire que le gouvernement marche ou » ne marche pas en harmonie avec le Roi, comme si le gou- » vernement n'était que dans le ministère. Cependant, pour » calmer les esprits plus inquiets, votre commission vous pro- » pose d'ajouter à cet article : La présente disposition ne peut » pas porter atteinte au droit de discussion et de censure des » actes des ministres. »

Cet amendement, qu'un assentiment général semblait avoir ratifié, devint toutefois le sujet d'une discussion vive et lumi-neuse. Un député, M. Bignon, crut rencontrer dans la com-binaison des deux dispositions dont l'article allait être com-posé tous les caractères d'une frappante contradiction.

Le paragraphe 1er, dit-il, me punit si j'excite les peuples à la haine et au mépris pour le gouvernement, et le paragra-phe 2 me donne un droit de critique et de censure que je ne pourrai peut-être exercer qu'en dévoilant des turpitudes et des violences dignes de mépris ou de haine. Le droit illimité de censure que me donne le paragraphe 2 n'est plus qu'une dérision en présence du respect et de l'amour qu'exige de moi

---

(1) *Moniteur*, 16 janvier 1822, N° 16.

le paragraphe 1er. Le correctif proposé par la commission est tout-à-fait illusoire. Si je dis que les actes du ministère sont inconstitutionnels, je fais naître la haine; si je parle de son imprévoyance, je provoque au mépris. Plus la discussion sera éclairée, profonde et mesurée, plus il en jaillira de mépris et de haine (1).

Toute cette argumentation repose sur une confusion que le ministre de l'intérieur va dissiper. Voici la réponse du ministre de l'intérieur, la voici toute entière (2) :

« *Il y a aussi une distinction à faire entre le gouverne-* » *ment du Roi et les actes des ministres.* Le gouvernement du » Roi, c'est le gouvernement que le Roi a donné à la France, » tel qu'il est organisé par la charte, avec les autorités supé- » rieures qui participent à l'exercice du pouvoir législatif. » Quant au ministère, il est un des élémens de gouvernement. » Les ministres sont des intermédiaires nécessaires entre le » Roi et les chambres. Le Roi les charge de présenter en son » nom des projets de loi aux chambres et de les soutenir dans » la discussion. Aussi, tout en critiquant les actes des mi- » nistres qui en sont responsables, respecta-t-on toujours » le pouvoir du Roi, qui est inviolable. Cette distinction était » donc toute naturelle. Il n'y a aucune espèce de similitude » entre la censure des actes des ministres et le mépris qu'on » voudrait inspirer contre le gouvernement du Roi. Il n'y a » donc pas, comme on l'a prétendu, contradiction, et la cri- » tique n'était pas fondée. »

Une preuve que par ces mots, le *gouvernement du Roi,* il faut entendre le système constitutionnel, le pacte fonda- mental, va résulter de la rédaction proposée par M. Darrieu, alors député, et du sort même de cette rédaction.

« C'est bien toujours le gouvernement du Roi que je veux » défendre de la haine et du mépris, disait cet orateur qui a » laissé de si vifs regrets parmi nous, mais c'est le gouver- » nement dans le sens et dans la forme propre à sa nature, » c'est le gouvernement dans sa pureté première, le gouver- » nement enfin tel que le Roi législateur l'a conçu, et fondé » par la charte. Voilà, Messieurs, les véritables objets de

***

(1) Séance du 23 janvier 1822. *Moniteur;* N° 25.
(2) Séance du 24 janvier. *Moniteur,* N°. 26.

» notre culte et de nos hommages. Je veux que le pacte so-
» cial soit mis hors de toute discussion et de toute contro-
» verse. »

« Voilà, Messieurs, ce qui m'a engagé à vous proposer de
» rédiger ainsi l'article 4.

« Quiconque aura excité à la haine ou au mépris du gou-
» vernement constitutionnel, *tel qu'il est constitué par la charte*,
» sera puni d'un emprisonnement d'un mois à quatre ans, et
» d'une amende de 150 fr. à 5000 fr. (1). »

Manuel monte à la tribune : « Il est, dit-il, de l'intérêt de
» la France entière que vous adoptiez la disposition présentée
» par M. Darrieu. Cette disposition a pour objet de punir ceux
» qui porteraient atteinte au gouvernement constitutionnel, tel
» qu'il est établi. »

La rédaction proposée par M. Darrieu ne l'emporte pas sur
celle du projet de loi, et pourquoi ? M. Pardessus va nous en
donner la raison.

« Si, dit-il, l'amendement de M. Darrieu a été rejeté, ce
» n'est pas comme mauvais en lui-même, mais c'est parce qu'il
» ajoutait au mot gouvernement une qualification inutile, parce
» que nous n'avons pas d'autre gouvernement que celui qui est
» établi par la charte. »

De cette discussion, il résulte que ces mots *le gouvernement du Roi*, sont synonymes de ceux-ci : *Le gouvernement
royal tel que la constitution le définit.*

A cette explication viennent se joindre des aperçus présentés
par M. Dudon, et qui offrent une seconde application de ces
mots : *Le gouvernement du Roi* (2).

« Je soutiens, dit cet orateur, l'amendement de la commis-
» sion, parce que cet amendement sera la plus sûre garantie,
» la règle de conduite des écrivains politiques. Désormais ils
» pourront se livrer à la critique des actes qui entraînent la res-
» ponsabilité, sans crainte qu'on les accuse de provoquer à la
» haine et au mépris du gouvernement du Roi. »

Réfléchissez, Messieurs, sur cette pensée, qu'il est possible
de diriger les traits de la plus amère censure contre les actes
qui rentrent dans le cercle de la responsabilité ministérielle,

---

(1) Séance du 28 janvier 1822. *Moniteur*, N° 29.
(2) *Ibidem.*

sans porter atteinte au gouvernement royal. C'est qu'en effet il faut que la critique puisse précéder et quelquefois préparer l'accusation; c'est que dans la responsabilité ministérielle se trouve évidemment comprise la responsabilité morale, dont la liberté de la presse peut seule faire sentir tout le poids; c'est qu'il ne faut pas que la nation soit placée dans l'alternative de se taire ou d'accuser; c'est qu'il ne faut pas qu'elle ne puisse annoncer aux ministres que la marche qu'ils ont adoptée a compromis le pays, qu'en les appelant devant la chambre haute.

L'orateur s'occupe d'une autre objection dont l'article 4 était l'objet. Il prouve qu'il est permis de respecter la dignité royale, de reconnaître l'utilité du principe de la légitimité; qu'il est permis de professer la nécessité de chacun des attributs de la puissance royale; qu'il est possible même de rendre hommage aux vertus du Roi, et cependant d'appeler la haine et le mépris sur l'ensemble d'un système signalé comme impuissant à protéger les peuples, ou comme trop habile à les opprimer.

L'orateur passant de l'explication donnée par le ministre de l'intérieur à une autre application de ces mots *le gouvernement du Roi*, fait remarquer que l'outrage au gouvernement du Roi peut être commis de plusieurs manières; il cite les regrets qui seraient publiquement donnés au règne d'un usurpateur. Il pouvait citer les actes qui préparèrent en Angleterre la révolution de 1688, et je les citerais moi-même si je ne devais pas montrer plus de prudence que le ministère qui, dans un intérêt difficile à comprendre, provoque de si dangereuses discussions.

Des regrets à l'usurpation, des écrits de la même nature que ceux qui, dès 1686, inondaient l'Angleterre et provoquaient à la haine du monarque toutes les sectes religieuses ennemies de la cour de Rome, amèneraient une application juste et nécessaire de l'article invoqué contre nous. Là en effet c'est bien le gouvernement du Roi qui est attaqué; c'est, en tant que l'autorité supérieure réside en la personne du Roi que le gouvernement est livré à la haine, ou, si l'on veut, au mépris des citoyens. Et remarquez que le gouvernement du Roi et le ministère sont choses si distinctes que ce genre d'attaque pourrait se concilier avec l'éloge des ministres. Ainsi, lorsque la révolution eut contraint l'infortuné Louis XVI à choisir ses conseillers sur des bancs ennemis, quand Rolland fut appelé au conseil, on vit dans le sein de l'assemblée législative des orateurs, tout en célébrant les intentions et les actes d'un ministère imposé, signaler comme inadmissible le gouvernement d'un Roi qui ne voulait pas consentir à la proscription, et signer les sentences de mort de ses frères alors en émigration.

Au surplus, c'est dans le palais des Tuileries, c'est au moment, où par l'organe de son président, la chambre élective a répondu au discours de la couronne, que la séparation entre le gouvernement du Roi et le ministère a été proclamée.

Oui, la France a eu besoin de croire à cette distinction nécessaire pour qu'un cri d'horreur parti du sein de toutes les opinions ne soit pas venu désavouer une expression restée fameuse, et qui, dans l'hypothèse de la solidarité que rêvent les ministres, serait devenue tout à la fois un outrage pour la mémoire du monarque éclairé qui a fondé notre droit public, et la plus cruelle injure pour le prince à qui cette expression était adressée !

Le sens du mot « *gouvernement du Roi* » étant ainsi fixé, on peut dire que l'accusation est anéantie à ce point que l'on n'en trouve plus vestige.

L'article du 5 août.

Dites que l'article du 5 août n'est qu'un tissu d'erreurs, que l'éternel mot de concession n'est pas une seule fois prononcé dans cet article avec raison, avec justice, que les prérogatives abandonnées n'enlèvent rien à la couronne de sa puissance véritable ; signalez les mots de persécution et d'intolérance, parlez des suppositions présentées à l'occasion de la guerre de la Morée, ma réponse sera fort simple.

Dans cet article dont vous vous indignez, il ne se rencontre pas une ligne qui ait pour objet le gouvernement du Roi, quel que soit le sens que l'on veuille attacher à ce mot.

L'article ne s'est point élevé contre les formes constitutionnelles, sous lesquelles le Roi exerce son influence sur son peuple, et qui constituent son mode de gouvernement ; l'article n'ébranle en aucune manière le trône le plus antique et le plus national qui soit en Europe. Il ne saurait donc y avoir attaque au gouvernement du Roi. On ne trouve donc pas dans le résumé du 5 août le délit prévu par l'article 4, paragraphe Ier, on n'y rencontre que l'exercice du droit donné par le paragraphe II.

Que du reste, le discours de la couronne, que deux ordonnances, que des actes du pouvoir législatif, aient été compris dans la censure; que la censure ait été véhémente, et son langage expressif et pénétrant, ces réflexions ne changent rien à cette idée simple : l'accusation supposait une attaque dirigée contre le gouvernement du Roi, et n'a pu montrer à la justice qu'une critique des actes du ministère.

C'est en s'identifiant avec le Roi que les ministres avaient construit l'accusation, c'est en restituant à chacun des pouvoirs sa position véritable que nous l'avons détruite.

La discussion pourrait s'arrêter là, et s'arrêterait là en effet, s'il m'était permis de pénétrer dans la pensée de chacun de mes juges, mais je comprends que le ministère public qui n'abandonne pas l'accusation et qui ne la défend avec tant de laconisme que dans l'intention de la mieux servir, ne m'a point dispensé de l'examen des objections qui pourraient s'offrir à vous dans la chambre du conseil.

Je ne m'occuperai donc pas des argumens présentés, mais de ceux qui pourraient l'être.

Objections.

Voici dans quel ordre je conçois les objections possibles.

Si l'on ne peut pas nier, si la *Gazette* elle-même se plaît à reconnaître que le droit de gouverner réside éminemment dans la personne du monarque, n'est-il donc pas de circonstances où le monarque exerce par des actes tout personnels sa puissance souveraine, et si la haine et le mépris des peuples est appelé sur ces actes qui émanent directement du Roi, ou qu'il s'est hautement appropriés, comment dire qu'alors l'article 4 de la loi du 25 mars 1822 ne devient pas applicable?

Ces réflexions se rattachent au discours de la couronne, comme aussi aux projets de lois, aux lois votées et aux ordonnances, car les actes de la puissance législative ou de la haute puissance administrative, ne portent pas moins la signature du prince que le contre-seing des ministres.

À part cette objection, pourra-t-on dire encore, la censure ne doit-elle pas avoir des limites, et s'il est vrai que les ministres peuvent-être attaqués, doivent-ils donc l'être avec cette violence qui se fait remarquer dans certaines parties de l'article accusé. Cette remarque est relative aux expressions employées pour qualifier la conduite tenue par le ministère pendant la vérification des pouvoirs, et à celles appliquées aux deux ordonnances du mois de juin.

Enfin, le droit d'avertir n'est pas celui de porter l'épouvante dans tous les rangs de la société par d'aussi funestes prédictions que celles renfermées dans le dernier paragraphe de l'article dénoncé ainsi :

1°. Actes personnels du Roi.

2°. Modération dans la censure.

3°. Réserve dans les prophéties.

Voilà les trois chefs principaux auxquels se rapportent toutes les objections de détail qu'il est de mon devoir de prévoir et d'épuiser.

Je vous parle d'abord du discours de la couronne.

Le principe de la responsabilité ministérielle conduit à cette conséquence inévitable que les ministres ne peuvent pas être sans influence sur la composition du discours que doit prononcer le prince à l'ouverture de la session. Comment le pouvoir irresponsable pourrait-il donc ne pas se rendre aux conseils, aux prières du pouvoir responsable, comment les ministres pourraient-ils rester étrangers à une si solennelle manifestation de principes? C'est surtout à une administration nouvelle qu'il appartient d'exercer alors une grande influence; elle se trouve placée dans le moment le plus important de son existence, il s'agit pour elle de déclarer à la nation si elle se propose de marcher dans la route suivie par l'administration qu'elle remplace, ou si elle veut s'ouvrir une autre route. Comment le monarque pourrait-il dans sa justice refuser aux ministres le droit d'intervention dans une déclaration dont leur avenir doit répondre? il faut nier la responsabilité ministérielle ou reconnaître que dans l'ordre politique le discours de la couronne est l'ouvrage du ministère, et que comme tel il peut être livré à la censure.

« Le peuple français, me disait un homme de beaucoup d'esprit, est si enclin à se laisser prendre aux apparences, et si jeune encore dans la science des gouvernemens représentatifs, que je voudrais que, pour prévenir toute illusion, le discours du trône fût toujours, comme il arrive si souvent en Angleterre, prononcé par un délégué du Roi : cela nous ferait entrer plus franchement dans le véritable esprit de la constitution. »

Cette observation avait plus de justesse en 1818 qu'elle n'en aurait en 1828.

Nous sommes façonnés aujourd'hui aux mœurs constitutionnelles. Sans doute au milieu de la plus pompeuse des solennités parlementaires, c'est le Roi qui anime tout de sa présence et les mots partis du cœur, les mots de grâce et de bonté, le peuple les a bientôt reportés au monarque; mais l'ensemble du système, les lois annoncées, tout cela tombe inévitablement dans la responsabilité ministérielle.

Lorsqu'au commencement de 1782, Georges III, ouvrant la session du parlement, prononça un discours dans lequel les victoires qui avaient honoré le pavillon français pendant l'année précédente, étaient dissimulées ou atténuées, trois orateurs, Fox, Burke et le jeune Pitt, second fils de lord Chatam, s'illustrèrent par les attaques qu'ils dirigèrent contre le discours de la couronne. « Je m'attendais, disait Fox, à n'entendre » d'un souverain chéri que des paroles dignes de son cœur; tout » me faisait croire qu'il aurait le courage de confesser une trop » longue erreur au moment où le peuple anglais l'expie si cruel-» lement : mais qu'ai-je entendu? Le système que nous mau-» dissons depuis dix ans, on le reproduit encore! nos malheurs, » on les nie? nos dangers, on ne veut pas les voir! nos affronts, » on les supporte avec une lâcheté flegmatique!... Celui qui, ne » connaissant pas le caractère personnel de notre monarque, lui » attribuerait ce discours, et n'y verrait pas l'ouvrage de ses mi-» nistres, le prendrait pour un despote insensible qui se fait une » horrible joie de sacrifier la vie et la liberté de ses sujets, et » qui se montre encore altéré de vengeance lorsqu'il ne peut » plus espérer la victoire » (1).

Il n'est entré dans l'esprit de personne de considérer cette éloquente allocution comme une attaque à la dignité du trône.

Sans doute, il suffit que le discours de la couronne soit légalement présumé l'ouvrage des ministres, et que le droit public leur en impose la responsabilité, pour que la discussion, la censure, en reste permise. Mais plus on relit le discours de 1828, plus on y reconnaît la main de la nouvelle administration, et l'on peut dire avec assurance que, dans aucune

______

(1) *Histoire de France pendant le 18ᵉ siècle*, par Charles Lacretelle, tome 5, 3ᵉ édition, page 280.

circonstance, la fiction politique ne s'est trouvée mieux d'accord avec la vérité.

Eh quoi! il faudrait laisser passer sans réfutation le plus important des documens que le ministère livre au public! Il faudrait se taire sur le plan général; il faudrait laisser présumer à toute l'Europe que la nation adopte ce plan, le ratifie par son silence! Ainsi le mal qui va s'exécuter doit s'accomplir sans qu'on ait le droit de s'en plaindre; il n'est pas permis d'éclairer un ministère qui se trompe de bonne foi, de lui signaler les précipices qui sillonnent la route dans laquelle il va s'engager; la liberté de la presse n'aura pas le droit de conjurer les orages.

Le fait de discuter le discours de la couronne est un fait innocent en lui-même, qui ne pourrait conduire à l'article 4 que dans une seule hypothèse, celle où les choses dites dans la discussion seraient une attaque au régime constitutionnel, ou l'expression du coupable désir de voir le pouvoir dans d'autres mains. On ne dit pas que les phrases relatives au discours de la couronne renferment rien de semblable, il faut donc écarter ce chef d'accusation.

Ne confondons point la vie privée du Roi et sa vie politique. La vie privée se trouve placée sous la garantie de la loi de 1822, art. 2. Quant à la vie politique, c'est le ministère qui en accepte et qui en supporte toute la responsabilité; l'être politique du Roi est plongé tout entier dans les ondes du Styx. Aucune partie n'en est vulnérable. Les traits dirigés contre les actes de la vie politique d'un monarque constitutionnel ne frappent que ses ministres.

Une question plus grave, c'est celle de savoir s'il est permis de se livrer à la censure des actes du pouvoir législatif qui sont devenus une partie intégrante de la législation.

C'est ici qu'il faut distinguer entre l'obéissance et la critique.

Obéissance absolue est due aux lois de l'Etat; loin de nous ces doctrines destructives de tout ordre social qui constituent chaque citoyen le juge suprême, l'arbitre de ses devoirs; mais aussi dans les Etats qui admettent le gouvernement représentatif, et peut-être dans tous ceux où le despotisme n'est point insensé, il est permis de réfléchir sur ce qu'on exécute, de dire que le législateur s'égare, que les principes qu'il pose sont dangereux, que la loi creuse un abîme.

Le double vote, la septennalité ont été accompagnés des plus dures épithètes par des hommes qui, après avoir voté dans

les colléges d'arrondissement, ont été voter dans le collége dé-
partemental, et par des hommes qui répondront pendant sept
années au mandat qui dans leur opinion ne devrait être donné
que pour cinq. Ainsi la loi électorale, la nouvelle législation
de la presse, celle relative à l'interprétation des lois, celle qui
se rattache à la dotation de la pairie, et qui n'a encore été
présentée qu'à la chambre élective, toutes ces lois sont tom-
bées dans le domaine de la censure. Quelles améliorations
possibles la législation pourrait-elle espérer chez un peuple de
muets condamnés à obéir en silence? Si c'est ainsi que l'on
entend la liberté chez nos ministres, comment la comprend-on
chez le grand-visir?

Que dire de la distinction que l'on essayerait d'établir entre
les actes personnels aux ministres, et ceux qui sont revêtus de
la signature du Roi? Dans ce système, les ordonnances qui
portent l'empreinte d'une main révérée sont soustraites à un
examen que l'on signale comme un sacrilége. Mais alors quels
actes sont donc abandonnés à la critique? Que reste-t-il à la
liberté de la presse? Les projets de loi ne portent-ils pas aussi
l'empreinte d'une auguste main? Pourquoi donc critiquer avec
tant d'amertume les gouvernemens de l'Asie, si à la vue des
sceaux de l'Etat le Français doit humilier son front dans la
poussière?

Qu'importent d'ailleurs à la nation les instructions et les
circulaires ministérielles qu'aucune publicité nécessaire n'en-
vironne, qui souvent même sont expressément cachées au public, et qui n'exercent qu'une influence très-secondaire sur le
sort de l'Etat, ce genre de prohibition et d'entraves est trop
antipathique au gouvernement représentatif pour que l'accusation puisse long-temps rester dans ces régions inaccessibles.

Eh bien! soit, dira le défenseur du ministère, que la lice
soit ouverte, mais que les champions n'y paraissent qu'avec
des armes courtoises. Mais quoi! la vigueur et l'énergie sont-
elles interdites aux adversaires du pouvoir, et les champions
n'ont-ils le droit d'entrer dans la carrière que sous la condition qu'ils y seront vaincus? Qu'est-ce que le droit de discuter
les actes de l'autorité si ce n'est pas celui d'y signaler des erreurs, des fautes, des attentats. Et plus la critique est incisive
et pénétrante, mieux elle peut atteindre son but, éclairer les
délégataires du pouvoir, ou signaler à l'auguste auteur de toute
autorité légitime, les dangers qui s'accumulent autour du

trône. Je n'insulte pas un voyageur commodément enveloppé dans sa voiture quand je lui crie de toute la puissance de ma voix que ses postillons sont des maladroits ou des traîtres? Comment d'ailleurs écrire s'il n'est pas permis de qualifier? et comment aussi le ministère pourrait-il se plaindre des qualifications employées, n'est-ce pas de lui que vient le fait ou l'acte qualifiés?

Pourquoi, s'il a ignoré, ne veut-il pas que ses actes soient taxés d'ignorance?

Pourquoi, si les mots d'intolérance et de persécution l'effraient, transforme-t-il en une incapacité l'observation d'une règle tracée par un saint que l'Eglise révère?

Pourquoi renverser des établissemens élevés par les inspirations de la religion, dont la charité prenait soin, et qui ne coûtaient rien à l'Etat? Pourquoi disperser une jeunesse studieuse, espoir du sacerdoce? Pourquoi enlever à de saints prêtres des fonctions dans lesquelles ils ont su mériter la confiance, la reconnaissance et les regrets des familles? Pourquoi, si les ministres pâlissent au nom des persécuteurs, ont-ils conseillé, contresigné ces actes qui détruisent, qui interdissent et qui désolent?

Ainsi, nous dira-t-on, toute la sagesse, toute la prévoyance humaine est renfermée dans vos discours; vous avez dit que des actes délibérés dans le conseil et reçus avec joie par des hommes qui s'appellent l'opinion publique, sont des actes d'intolérance et de persécution; et les voilà marqués du sceau de la persécution et de l'intolérance pour la postérité!

Non, ce n'est pas là ce que réclament les partisans du droit d'écrire : c'est la raison, c'est le bon sens qui restent, en définitive, les juges souverains de toutes les puissances de la terre. C'est à cette juridiction que se trouvent soumis les actes du pouvoir, et les écrits qui les commentent, qui les louent ou qui les condamnent. Le droit de censurer et de qualifier est limité, pondéré par celui de réfuter et de répondre. Dites que c'est tenir la balance égale entre tous les cultes, entre toutes les croyances, que de trouver dans des pratiques religieuses une raison d'exclusion et de mort civile. Prouvez qu'il y a de la tolérance, quand la charte a dit que tous les citoyens étaient également admissibles aux emplois, de faire dépendre mon admissibilité de la révélation de mes pensées les plus intimes et de la prestation d'un serment que m'interdit ma conscience. Prouvez que c'est un temps de tolérance que celui où, sous peine d'être condamné à l'inaction, il faut signer des formulaires. Prouvez que détruire, que condamner à l'anéantissement ou à la nécessité de sortir du royaume, ce n'est pas persécuter. Prouvez, et vous serez vengés des mots d'intolérance et de persécution, qui ne seront plus que des reproches impuissans par cela même que vous en aurez démontré l'injustice. Prouvez ! mais n'appelez pas la police correctionnelle à votre secours; car les magistrats qui y siégent ne verraient dans ce genre de discussion, que l'impossibilité de répondre. On trouve dans l'un des chefs-d'œuvre de Racine une image assez fidèle de ce qui se passe en ce moment parmi nous : Néron et Britannicus sont en présence. Le monstre, lassé, déconcerté, attéré par les plaintes nobles et touchantes du prince dont il occupe la place, ne trouve de ressource que dans les gardes de son palais, auxquels, d'une voix altérée par la colère, il livre le fils de Claude; heureusement dans les pays gouvernés par les lois, les colères du pouvoir ne rencontrent que des juges.

Au surplus, Messieurs, pour apprécier le reproche de véhémence et d'exagération adressé à l'article incriminé, il faut en peser toutes les expressions. Sans doute, si aucune parole de l'article ne s'attaque au gouvernement du Roi dans le sens fixé par la raison et par le droit politique, le fond même de l'article ne peut pas lui donner le caractère de la culpabilité. Mais il ne m'appartient pas de préjuger votre opinion sur la question générale, et je serai d'autant plus tranquille sur le résultat de vos délibérations, qu'il sera mieux démontré que, dans cet article tant incriminé, on a pris la vérité et la raison pour guides.

Lisons l'article même : *Le discours de la couronne, ouvrage du ministère, provoquant des lois avec lesquelles l'autorité royale devait être anéantie.*

Oui, la *Gazette* reproche aux ministres d'avoir annoncé, par le discours du trône, ces deux lois que les écrits d'un éloquent magistrat et ceux d'un grand publiciste qui siége sur les bancs de la Chambre des pairs, ont signalées comme inconciliables avec l'existence de la monarchie (1). C'est le minis-

---

(1) [La loi sur la révision des listes électorales et celle sur la presse]. Avec ces deux lois, la royauté est impossible. *Des Moyens de mettre la charte en harmonie avec la royauté*, page 52. Voy. aussi *De l'Esprit de corps et de l'Esprit de parti*, page 33.

tère qui est accusé d'avoir jeté dans le discours de la couronne des prédictions qui se sont toutes réalisées. Si les deux lois annoncées sont aussi fatales que le pense la *Gazette*, le ministère sera d'autant plus coupable qu'il aura su faire usage pour proclamer ses imprudens systèmes d'un organe plus pur et plus sacré. Que si ces deux lois sont appelées à de plus heureuses destinées, la *Gazette* et tant d'autres écrivains se seront trompés dans l'appréciation d'un passage du discours prononcé par le Roi, mais ce ne sera là ni une attaque à notre pacte fondamental, ni le regret de voir la puissance souveraine dans les augustes mains du fils de saint Louis; ce ne sera donc pas l'hypothèse de la loi pénale, et si, du reste, la *Gazette* a pu dire que dans son opinion le discours du trône avait annoncé des lois menaçantes pour la monarchie, elle a pu aussi employer des expressions sans lesquelles il y avait impossibilité d'exprimer sa pensée.

L'article a parlé de l'adresse présentée par la chambre. L'article a dit que des abus de majorité avaient donné l'exclusion à des députés royalistes. L'article a dit encore que le choix du président de la chambre avait été enlevé au Roi par de trop habiles combinaisons.

Une réflexion que vous approuverez, Messieurs, ne me permet pas de m'occuper de ces trois paragraphes qui ne font pas légalement partie du procès.

La loi du 22 mars 1822 autorise la chambre à poursuivre les outrages que l'on aurait osé diriger contre elle, mais impose une condition nécessaire, irritante à l'existence de la poursuite. Cette condition, c'est la volonté de la chambre, volonté positivement, explicitement exprimée, et qu'aucune autre volonté ne peut remplacer. Du reste, la loi laisse le choix au pouvoir parlementaire; il peut se constituer juge dans sa propre cause, ou remettre au pouvoir judiciaire le soin de sa vengeance.

La chambre a gardé le silence; nul n'a le droit d'élever la voix pour elle. Je n'ai donc pas à vous parler de ceux des passages de l'article qui ont quelque trait aux opérations des chambres, et je fais remarquer que la clôture n'était pas prononcée quand l'article a paru; et d'ailleurs, comment incriminer des paroles qui ne sont que de l'histoire contemporaine. Est-il possible de révoquer en doute l'expression dirigée contre un ministère choisi par Louis XVIII de vénérable mémoire, et adopté par son auguste frère ? Qui ne sait pas que la majorité est dans les assemblées délibérantes ce que l'artillerie est dans la politique, *ultima ratio*, et que ce sont des majorités de 24 et de 16 voix, sur 330 et 276 votans, qui ont prononcé l'exclusion de M. Garnier-Dufougèray (1), et accepté la démission de M. Mousnier-Buisson (2), quel est enfin l'homme assez étranger dans cette ville, pour n'avoir pas été informé des combinaisons diplomatiques qui ont exclu de la liste de candidature un nom que cette liste semblait réclamer ? Je le répète. Assez de graves controverses appartiennent à cette cause pour qu'il soit permis d'en éliminer celles qui n'y peuvent pas figurer.

Ce qui appartient à la cause, mais ce qui au surplus ne touche évidemment que le ministère, c'est ce paragraphe :

L'administration accusée de fraude et d'arbitraire, et abandonnée par ceux dont le devoir était de la défendre.

C'est encore là l'expression fort simple d'une vérité historique.

Que l'administration ait été l'objet des plus vives et des plus violentes attaques, c'est ce qu'il n'est pas nécessaire de démontrer, parce que c'est une vérité restée dans tous les souvenirs. Les outrages dirigés contre les préfets et les sous-préfets, et qui retentissaient autour de la chambre élective au moment de son ouverture, ont trouvé, dans le sein même de la chambre, de véhémens interprètes. Des orateurs, très éloquens d'ailleurs, ont épuisé, en parlant de l'administration, toutes les formes de l'injure; ils ont parlé de méfaits électoraux, de fraudes électorales, de système perfide et corrupteur; ils ont dit que l'administration avait sciemment créé de *faux électeurs*. On a été plus loin, et la passion franchissant toutes les bornes, on a comparé le temps qui vient de s'écouler aux temps les plus affreux de la révolution, pour accorder à l'époque de la terreur je ne sais quelle prime de franchise et de candeur (3). Voilà quels ont été les outrages dirigés contre l'administration; et sans doute si l'administration s'est rendue coupable, je ne dis pas des fautes, mais des crimes dont elle se voyait accusée, il n'était pas du devoir des ministres de s'associer à des actes honteux en essayant une justification

____

(1) Pièces justificatives, N° V.
(2) Pièces justificatives, N°ˢ VII, VIII, IX.
(3) *Moniteur*, N° 47.

impossible ; mais si l'administration était innocente des turpitudes qu'on osait lui reprocher ; si cette innocence était con-
nue des ministres, et si par indifférence, par pusillanimité,
par la crainte de participer à la défaveur dont ils ont cru l'administration frappée, ils se sont renfermés dans un lâche silence, ils ont manqué à leurs devoirs, et la *Gazette* a pu le leur
reprocher. C'est ainsi que l'examen de la conduite tenue par
l'administration dans les élections se rattache par des liens
intimes à l'appréciation du paragraphe qui nous occupe.

Parmi les reproches adressés à l'administration, je choisis
celui-ci : la création coupable de capacités électorales mensongères (1), et il faut bien s'entendre sur la nature de ce
crime. C'est ce pacte odieux : va dans cette assemblée dont la
loi ne t'ouvrait pas la porte, je suppose que tu paies un cens
que dans la vérité tu ne paies point ; rends-toi coupable d'un
crime, qui chez quelques peuples de l'antiquité était puni par
la mort ; ne crains rien, n'es-tu pas mon complice ? or ce crime,
il est resté constant que les agens de l'administration ne l'ont
point commis ; mais si la vérité s'est établie ce n'est pas par
le concours des ministres.

Je dis que l'accusation tant de fois répétée n'était qu'une
odieuse calomnie.

Je dis que dans cette partie des débats parlementaires, les
ministres ont trahi leurs devoirs, et je le prouve en jetant avec
vous un coup-d'œil sur cette première époque des travaux de
la session.

Les élections de la Haute-Loire sont attaquées, on dénonce
à la chambre une quarantaine de faux électeurs, et la commission répond qu'il a été reconnu, constaté qu'à chaque reproche concernant un électeur il se trouvait à côté une réponse satisfaisante (2).

On s'occupe des élections de la Manche. Une question de
faux électeurs est agitée : c'est M. de Saint-Aulaire qui em-
brasse la défense du préfet de la Manche, son ami de 3o ans.

« Tout ce que le préfet de la Manche a fait, dit cet hono-

---

(1) L'audience a des limites ; on trouvera toutefois aux *Pièces justificatives*, N° II, ce que l'on a nommé le chef-d'œuvre des circulaires
oppressives. Par cette circulaire-là même on pourra se convaincre
que cette accusation, que le ministère a laissée aussi sans réfutation,
n'est pas plus fondée que celle que l'on examine ici.

(2) *Moniteur*, N° 44

rable député, je l'accepte, je m'en charge, je me porte garant de ses œuvres; les reproches qui ont été analysés par M. le rapporteur, sont relatifs à l'introduction de faux électeurs; je déclare que le préfet de la Manche est incapable d'avoir introduit *sciemment* de faux électeurs. (M. Sébastiani de sa place : je n'ai pas dit *sciemment*, et je m'en applaudis.) (1). » L'élection est ajournée , mais le magistrat se trouve justifié par l'amitié, par la justice.

La chambre a admis en principe que dans l'examen des questions que faisait naître la vérification des pouvoirs, il fallait opérer par voie de retranchement: ainsi quand en retranchant des votes obtenus par l'élu les votes des électeurs dont la capacité était contestée, l'élu conservait la majorité; il fallait proclamer l'admission et réserver pour un autre temps, pour celui où la chambre serait constitué, l'examen des accusations d'intrusion et celles d'usurpation du plus important des droits politiques.

Cette jurisprudence , cette méthode de procéder par voie de retranchement favorisa singulièrement pendant tout le temps que dura la vérification des pouvoirs, les projets des détracteurs de l'administration.

Partant de la supposition que les capacités contestées étaient toutes mensongères et créées par la fraude, on a profité du système de retranchement pour faire planer sur l'administration des accusations qu'il n'était pas même possible d'éclaircir.

Toutefois le nombre des capacités électorales mises en litige était en général si peu considérable , si minime, relativement au nombre de votans dont se composaient les colléges électoraux, qu'il est devenu démontré que si les préfets avaient eu la pensée d'ouvrir la porte à des intrus, ils en auraient fait entrer un plus grand nombre. Alors l'accusation s'est vue contrainte de changer de langage. On a dit que si les faux électeurs n'avoient pas exercé d'influence sur les résultats du scrutin, ils en avoient exercé une fort dangereuse sur les intentions des électeurs

Et quelle pourrait donc être l'influence de ces inconnus sans propriétés, sans commerce important, car enfin si l'administration a pu supposer le cens, elle n'a pas pu créer la

---

(1) *Moniteur*, N° 45.

position sociale; quel est le malheureux et maladroit administrateur qui se serait avisé de confier la cause du ministère menacé à des individus sans consistance, préoccupés du danger de se voir couvrir de honte et de confusion? Enfin n'est-ce pas une autre supposition démentie par la notoriété que de prétendre que c'est du côté du gouvernement que sont venues les démarches les plus actives? Est-ce donc ce parti, est-ce donc cette opinion qui affiche ses candidats sur les murailles de la salle? est-ce dans ses rangs que se rencontrent les électeurs qui ne croient pas compromettre leur caractère en distribuant des listes toutes faites à la porte de l'assemblée, usage déplorable qui agit plus qu'on ne croit sur les incertains et sur les faibles; est-ce encore dans les rangs de cette opinion que se trouvent les plus intrépides motionneurs; est-ce aussi de ses rangs que sortent les amis, les conseils improvisés et les secrétaires officieux? Non, l'administration serait insensée qui se serait avisée de supposer des électeurs pour se créer des moyens d'influence!

L'ajournement de M. Jaukowitz est prononcé; mais c'est dans le rapport de la commission qu'il faut voir si de cet ajournement on peut rien conclure contre la loyauté des opérations de la Meurthe.

« Cette élection, a dit le rapporteur, défendue par sa légalité, l'est encore par la bonne foi de l'administration dans »la confection des listes, par la loyauté et l'honneur qui ont »présidé à toutes les opérations du collége de Château-»Salins » (1).

On conçoit maintenant que le vice de l'élection ne pourrait rien changer à ce qui est dû de confiance et d'estime aux chefs de l'administration locale, et dans le fait, l'élection a été confirmée.

Les élections de la Meuse ont donné lieu dans l'intérieur du bureau à des questions si nombreuses, que le bureau a chargé une commission, prise dans son sein, de lui présenter un travail préparatoire.

Ces questions, le rapporteur les a divisées en deux séries. C'est après avoir parcouru avec une minutieuse attention chacune des questions présentées que le rapporteur est arrivé à cette

---

(1) *Moniteur*, N° 50.

conclusion. La commission a été unanime dans la proposition qu'elle a faite au bureau d'admettre les députés nommés par le département de la Meuse; cette proposition a été adoptée par le bureau sans opposition ni contradiction; et, dans la vérité, les élus ont été admis (1).

Au milieu des débats que les élections de la Meuse ont amenés, on a entendu un député professer cette doctrine assurément très-nouvelle, que, dans le doute, il faut se décider pour la nullité et l'élection (2).

C'est aussi dans cette discussion que M. le ministre de l'intérieur s'est vu contraint de sortir du silence auquel depuis quelques jours il paraissait s'être condamné. Le silence de M. le ministre de l'intérieur, s'écrie M. Périer, me prouve que la cause morale de l'administration est perdue. M. le ministre monte à la tribune, profond silence !

Dans l'une de ces vives images qui lui sont familières, l'orateur fait apparaître les administrateurs absens et dénoncés : « Ces fonctionnaires, dit-il, tournent naturellement les » yeux vers moi; ils me disent : mais remarquez donc que » l'on attaque plus que ma vie, qu'on attaque mon honneur; » remarquez que ma voix ne peut pas être entendue dans » cette enceinte, et que vous, chef de l'administration à la- » quelle j'appartiens, j'ai le droit de me plaindre du silence » que vous gardez ? » (3). Et cependant le ministre ajourne son opinion. Ce qui se passe sous ses yeux depuis huit jours, tant de circonstances où par la toute-puissance, par l'évidence des choses, l'administration a triomphé de la calomnie, ne lui inspirent pas une pensée; le jurisconsulte laisse triomphantes les paroles subversives de toute législation et de toute justice qui viennent d'être entendues; le protecteur né de l'administration ne croit pas même pouvoir s'emparer en faveur du préfet de la Meuse, des éclaircissemens et des conclusions du rapporteur : qu'il est affligeant, messieurs, que le ministre n'emploie pas à remplir ses devoirs le talent qu'il met à les retracer !

L'annulation des élections faites dans le département des Vosges atteste que l'on tomberait dans une grave erreur, si l'on confondait l'idée d'annulation prononcée avec l'idée de fraude reconnue.

---

(1) Pièces justificatives, N° III.
(2) *Moniteur*, N° 52, et Pièces justificatives, N° IV.
(3) *Moniteur*, N° 51.

Les élections du département des Vosges ont été attaquées comme ayant été faites contrairement à l'article 1er de la loi du 29 juin 1820, lequel veut que dans les départemens où il y a cinq arrondissemens de sous-préfecture, et où il ne se trouve pas plus de quatre cents électeurs, il n'y ait qu'un seul collége. A la vérité, la liste arrêtée par le préfet s'élevait à quatre cent quatre noms, et pour prévenir toute espèce de méprise, le préfet avait fait un appel à la conscience des inscrits. Appel qui a été entendu, car onze inscrits qui ne payaient pas le cens se sont abstenus de voter, aussi la chambre n'a-t-elle pas eu à juger une question de fraude, mais une question de régularité. Le nombre réel des ayant-droit ne s'élevant pas à quatre cents, la division en plusieurs colléges entraînait la nullité qui a été prononcée et qui devait l'être (1).

Jamais peut-être élections ne furent attaquées par des motifs plus nombreux et exprimés avec plus de passion que celles de la Corse ; la commission les examine avec le plus grand soin, le rapporteur signale à la chambre les considérations particulières qui doivent éveiller son attention, et qu'il trouve toutes dans l'éloignement et la position insulaire du département dont les opérations sont attaquées, et après un rapport très-détaillé et qui porte partout l'empreinte de la plus loyale impartialité, la commission par l'organe de son rapporteur conclut ainsi : « Votre deuxième bureau vous pro-» pose à une forte majorité l'admission de M. le comte Riva-» rola. » Le rapporteur ajoute :

« Les faits de cette accusation ont été présentés de manière » à produire une grande impression, et sans la présence for-» tuite du préfet à Paris, si les pièces relatives aux élections de » la Corse n'étaient venues presque tout entières corroborer » les explications qu'il a données, nous aurions sans doute eu » peine à nous défendre de la prévention qu'elle inspire.

» Les investigations les plus sévères nous autorisent à croire » que les reproches de fraude et de violences dirigés contre ce » magistrat, sont sans fondement, et votre deuxième bureau » que l'on n'accusera pas de partialité pour l'administration, a » cru, dans l'intérêt de la vérité et de la justice, devoir ce té-» moignage public au préfet de la Corse. »

---

(1) *Moniteur*, N° 52.

M. le comte de Rivarola est proclamé membre de la chambre; l'élection de M. de Vatimesnil est annulée, attendu le défaut d'âge (1).

Si le ministère est resté muet en présence d'accusations dénuées de prétextes, l'administration a trouvé, dans le sein des chambres, de courageux défenseurs qui ont fait remarquer qu'il était du devoir de l'administration d'éclairer les électeurs, de les protéger et de les défendre, et qu'en définitive les préfets n'étaient accusés que de leur attachement à leurs devoirs, et n'étaient coupables que de leur zèle (2).

Qu'il est fâcheux que ces observations ne soient pas parties du banc des ministres !

Au surplus la chambre s'est honorée, dans ces débats, par sa haute impartialité.

Les paroles de plusieurs orateurs, que des préventions égaraient, n'ont pas trouvé d'écho dans l'assemblée. Un député du côté gauche s'en aperçoit avec douleur : « Nous sommes loin, » dit-il, d'être montés au ton de l'opinion publique; ne vous » flattez pas de faire descendre cette opinion au diapason de la » vôtre (3). » L'observation du député était juste. Après quelques jours d'examen, il y eut une grande différence entre la manière de voir de la chambre, éclairée par les pièces, et l'opinion égarée par d'odieuses suppositions.

J'ai long-temps exploré tout ce qui touche à la vérification des pouvoirs; c'est que là se trouvait une question qui intéressait l'honneur national. Quoi ! des hommes que la haute confiance dont ils sont dépositaires a placés au premier rang parmi nous, des hommes qui appartiennent à l'élite de la nation, seraient tout-à-coup devenus de vils agens de fraude et de corruption ! faussaires impudens, ils auraient forgé des capacités mensongères; à la voix de l'autorité, ils se seraient transformés en de vils agens de fraude et de corruption ! Messieurs, ce n'était là qu'un fantôme créé par l'esprit de parti. Que l'on dise que dans un travail immense et rempli de détails minutieux, que dans un travail où le désir d'être ou de n'être pas électeur est une source d'erreurs, l'erreur n'a pas toujours été évitée, je le conçois; mais que l'on abandonne des expres-

---

(1) *Moniteur*, N° 53, et Pièces justificatives, N° X.
(2) *Moniteur*, N° 47.
(3) *Moniteur*, N° 47.

sions odieuses que n'autorisent pas les documens mis sous les yeux de la chambre élective, et qui dès-lors ne sont plus qu'une gratuite injure à la loyauté du caractère français !

En résumé, l'administration a été attaquée avec autant de fureur que d'injustice. Le ministère pouvait, devait défendre des administrateurs absens; le ministère ne l'a point fait, lorsque dans une foule de circonstances son intervention était aussi facile qu'elle était nécessaire, le ministère s'est ajourné; il a dit qu'il n'était pas pressé de répondre (1), et il n'a répondu en effet que par une loi de défiance, dont la seule présentation devait être un triomphe pour les accusateurs. La *Gazette* a donc pu dire, comme elle l'a dit, que l'administration du Roi, accusée de fraude et d'arbitraire, avait été abandonnée par ceux à qui la justice et leur position même imposaient le devoir de la défendre (2).

J'ai démontré que l'obéissance à la loi se conciliait à merveille avec le droit de critiquer et de censurer les actes du pouvoir législatif; et remarquez qu'aucune disposition légale, qu'aucune décision judiciaire, n'est venue poser les limites qui, dans l'exercice de ce droit, ne devaient pas être franchies. Un illustre écrivain a donné le titre d'*abominable* au système électoral qui a précédé celui qui établit le double vote; c'est donc la loi même qu'il faut considérer, si l'on veut se faire une juste idée du jugement porté par la *Gazette.*

Le ministère, qui ne s'est point expliqué sur la conduite de l'administration, qui n'a pas eu le tort de l'accuser, mais qui n'a pas eu non plus le courage de la défendre, ne répond aux cris de fureur, aux accusations de fraude et de corruption, que par une loi qui semble consacrer tous les reproches dont l'administration avait été l'objet.

---

(1) *Moniteur*, N° 47.

(2) Au surplus il ne faut pas penser que la *Gazette* ait attendu la fin de la session pour gémir sur l'abandon dans lequel l'administration était laissée. On peut à cet égard consulter le numéro du 13 février, celui du 14 et celui du 16, et la réponse du ministère à ces articles. *Moniteur,* N° 45.

De plus, si pour ne pas interrompre l'analyse des débats qui se sont élevés dans le sein de la chambre des communes, on a jusqu'ici gardé le silence sur ceux de la chambre haute, il est juste de dire que si là aussi l'administration a été abandonnée par le ministère, de nobles orateurs lui ont prêté l'appui de leur talent.

Les expressions du discours ajoutent à l'impression que le seul fait de la présentation du projet devait naturellement produire (1).

Il est sans doute permis à une opinion politique de célébrer, comme une conquête de la raison; de signaler, comme un titre de gloire qui recommandera la session de 1828 à l'admiration de la postérité, la loi nouvelle sur les listes électorales; toutefois il est difficile de se défendre de quelques appréhensions, en réfléchissant sur les conséquences nécessaires qu'entraîne le double principe de la permanence des listes et de l'intervention et des tiers. Il faut sans doute que le principe démocratique exerce de l'influence sur les élections; mais il faut aussi que cette influence soit renfermée dans de certaines limites.

Que des agitateurs essaient de constituer un corps électoral avec des listes qui, depuis l'élection consommée, ont perdu tout caractère d'authenticité; qu'ils s'efforcent de réunir ces tables brisées, leurs efforts seront impuissans. Les hommes paisibles, que se disputent les partis, et qui portent toujours la majorité avec eux, ne se rendront point aux convocations adressées hors du temps de la session électorale, et ils paralyseront toutes les menées de l'intrigue par cette réponse toute simple : Ma souveraineté s'est évanouie; je n'ai plus de caractère légal et reconnu : je suis sans pouvoirs.

Mais si la loi même imprime à chacun des inscrits un caractère qui ne disparaît que par la radiation; en un mot, si la loi consacre la permanence des listes, n'est-il pas évident que les quatre-vingt mille citoyens, dont les noms seront portés sur la liste, formeront une corporation dont les factions politiques pourront disposer à leur gré : les présidences improvisées, les bureaux inattendus, les délibérations en plein air ou dans les salons de la Rotonde ou du Wauxhall, les commissaires délégués par le corps électoral, voilà ce qu'il faut désormais attendre des encouragemens donnés par la loi à l'esprit démocratique. Puisse le système des engagemens, avant l'élection, des mandats limitatifs et des comptes rendus après la session, ne pas faire sortir le pouvoir législatif des chambres pour le placer dans le corps souverain des électeurs !

Le ministre, qui a comparé les listes permanentes à l'al-

---

(1) *Moniteur*, N° 86, et pièces justificatives, N° XIII.

manach des vingt-cinq mille adresses, a fait frémir la nation, parce qu'il a montré dans un des conseillers de la couronne une grande ignorance des hommes et des choses.

A côté du principe de la permanence des listes vient se placer celui de l'intervention des tiers.

Le discours, prononcé à la chambre haute par le ministre de l'intérieur, dans la séance du 17 juin (1), renferme un aveu qu'il est précieux de retracer.

« Sans doute, a dit S. Exc., cette faculté accordée à » l'homme haineux et passionné de s'immiscer dans les affaires » de son voisin, et de le traduire en justice pour faire effacer » son nom inscrit sur une liste, offre quelque inconvénient, et » peut devenir une cause de division ». Ce qui détermine le ministre à ne pas s'arrêter aux dangers qu'il entrevoit; c'est l'espoir d'offrir *un gage de sécurité* aux citoyens, et *une garantie à l'administration*. Ainsi, le droit d'intervention n'est tolérable que s'il est réclamé par une impérieuse nécessité. Or, cette nécessité n'est-elle pas encore au nombre de ces exigences, de ces dangers, de ces terreurs, qui n'existent que dans l'imagination des ministres, et qui cependant ont exercé tant d'influence sur leur conduite.

Les listes ne peuvent offrir que deux sortes d'erreurs :

Des omissions à réparer,

Des inscriptions à détruire.

Si des omissions sont commises par l'administration, qui trouve dans le cadastre, dans l'impôt, dans l'ensemble de ses travaux, le secret de toutes les fortunes de France, ces omissions rencontreront un premier correctif dans l'intérêt personnel.

Celui à qui le droit de voter appartient et qui ne verra pas son nom sur la liste consentira-t-il à rester privé d'un droit politique qui l'élève aux yeux de ses concitoyens. Je m'adresse aux électeurs qui m'entendent, qu'ils disent s'ils souffriraient patiemment l'oubli ou la radiation de leurs noms de la liste des notables du pays ! Il n'était d'ailleurs pas nécessaire de consacrer un principe qui doit inévitablement accroître dans une grande proportion, cet abandon des fonctions électorales que la loi nouvelle paraît avoir voulu prévenir, pour autoriser les tiers, non pas à traîner les électeurs oubliés devant les

---

(1) *Moniteur*, N° 145.

Cours Royales , mais à signaler publiquement à l'administration les omissions remarquées.

Si les travaux de l'administration trouvent un surveillant
dans l'intérêt personnel et dans ce droit d'avertissement dont
l'usage , dont la nature même des choses avaient investi
les électeurs , n'en trouvent-ils pas un tout aussi puissant
dans l'honneur national? Le ministre a supposé des inscriptions contestables; mais pour que ces inscriptions conduisent
l'inscrit jusqu'à l'urne électorale , il faut que l'administration
ait précisément appelé des hommes disposés à profiter de son
erreur; l'administration qui ne crée point sciemment de faux
électeurs , comme l'ont prouvé les débats à la chambre élective , peut se tromper sans doute ; mais j'en atteste la
loyauté française, sur cent erreurs il n'arrivera peut-être pas
une fois que l'usurpation soit consommée. Et ce n'est pas
pour les hypothèses, possibles sans doute, mais nécessairement
très-rares, où l'intérêt personnel et l'honneur resteront muets,
qu'il fallait recourir à une mesure redoutable aux yeux mêmes
de ceux qui l'ont proposée, et qui semble mettre en état d'accusation l'administration et la nation toute entière.

L'ancienne législation suffisait au pays. La publicité des
listes avertissait les parties ; elle avertissait même les tiers , à
qui la voie des remontrances n'était pas interdite. Mais un
pouvoir populaire, rival de l'autorité administrative, n'était
point constitué par la loi; des hommes remuans et haineux
n'étaient point investis d'une puissance inquisitoriale; ces
hommes paisibles qu'il faut surtout encourager n'étaient point
écartés des fonctions électorales par la crainte de se voir précipiter dans de fâcheux procès. Les ventes , les échanges, les
constitutions dotales , les donations , les testamens n'étaient
point livrés à d'indiscrètes et dangereuses investigations, lé principe de la publicité ne recélait pas tant et de si dangereuses
conséquences...

Ce qu'il y a de plus étrange, c'est que le ministère ne se
laisse pas convaincre par les manœuvres qui se sont consom-
mées, pour ainsi dire, sous ses yeux, et qu'il retrace avec
l'accent de la colère.

Voici comment le ministre de l'intérieur s'exprimait dans
la séance du 28 avril (1) :

---

(1) *Moniteur*, N° 121.

«On reproche au projet de loi de ne pas prévenir les ma-
» nœuvres et les intrigues dont nous avons été naguère témoins.
» Messieurs, puisque l'occasion s'en présente, je ne dissimulerai
» pas ma pensée sur ces manœuvres ; je dois croire que ceux
» qui se sont plaints avec tant d'amertume de l'influence exer-
» cée par le gouvernement dans les élections précédentes, re-
» connaîtront avec moi l'influence fâcheuse, illégale, tyran-
» nique qui a été exercée récemment par d'autres que par le gou-
» vernement. Dans plusieurs départemens, *tous les moyens ont*
» *été employés pour effrayer des électeurs paisibles ; des circu-*
» *laires leur ont été adressées par des hommes auxquels la loi*
» *ne reconnaît aucune autorité pareille ; on les a sommés de*
» *produire leurs titres ; on les a menacés de les poursuivre s'ils*
» *refusaient de justifier de leurs droits électoraux.* A Paris,
» sous nos yeux, les choix ont été imposés par la minorité et
» subis par la majorité. Les plus étranges moyens, je dois le
» dire, ont été employés : des électeurs se sont rassemblés pour
» choisir entre eux les candidats par un scrutin préparatoire ;
» des promesses ont été exigées ; des candidats ont affirmé que
» si d'autres qu'eux étaient préférés dans ce scrutin, ils se re-
» tireraient et refuseraient même les fonctions de députés, si
» elles leur étaient déférées par le scrutin légal. Les électeurs
» ont promis de donner leurs suffrages aux candidats qui au-
» raient réuni cette majorité factice ; c'est ainsi qu'une fraction
» d'une portion des électeurs a d'avance déterminé les choix.
» Messieurs, je le déclare, ce procédé me paraît tout-à-fait
» contraire à la dignité comme à l'indépendance des électeurs ;
» et je ne comprends pas comment des hommes, qui professent
» des sentimens d'amour et de respect pour la véritable liberté
» et pour l'indépendance électorale, n'ont pas senti ce que de
» pareilles opérations avaient de contraire et à cette liberté et à
» cette indépendance. Il serait à désirer que la législation pût
» apporter un remède à de pareils abus, sans porter atteinte à
» la liberté des suffrages : cette limite est très-difficile à tracer.
» Le temps, la réflexion, l'expérience nous feront peut-être
» trouver les moyens d'assurer l'indépendance réelle des votes ;
» la loi actuelle n'a pas eu cet objet, et le reproche qu'on lui
» fait sur ce point ne saurait l'atteindre. »

Au surplus, il faut en convenir, les ministres, comme ef-
frayés de leur propre ouvrage, ont voulu que l'exécution de
la nouvelle loi ne fût protégée que par une sanction morale ;
ils n'ont pas voulu que les intervenans eussent incessamment

le droit d'accuser les préfets de fraude et de négligence; ils ont même repoussé l'idée de transformer le secrétaire-général en une espèce d'éditeur responsable.

« On vous demande, s'écrie M. le ministre de l'intérieur (1) » [à l'occasion d'un amendement], d'obliger le préfet à transpor- » ter journellement ses registres sur le bureau du juge, afin de » faire constater par le juge s'il a bien ou mal procédé aux opé- » rations administratives qui lui sont confiées, et pourquoi faire? » pour donner à des hommes de parti, à des hommes d'une » humeur tracassière et difficile, la satisfaction de traduire » chaque jour le premier fonctionnaire du département devant » les tribunaux, pour se voir flétrir par une condamnation à » une amende? Non, jamais une pareille disposition n'aura le » consentement des ministres du Roi; jamais ils ne consentiront » à ce qu'on flétrisse l'administrateur qui agit au nom du Roi; » jamais ils ne le laisseront placer dans une situation où il soit » obligé de se défendre contre les suppositions impérieuses de » l'esprit de parti. Tel n'est pas notre sentiment, telle n'est pas » non plus notre volonté; c'est à votre raison que j'en appelle. »

Pourquoi faut-il qu'un pareil talent n'aie pas le sentiment de sa puissance!

Eh bien ! puisque vous ne voulez pas que les préfets, que les sous-préfets soient victimes de ces hommes que vous ve- nez de stigmatiser, pourquoi placez-vous l'administration sous une surveillance ennemie? La dégradation du pouvoir, que vous apercevez dans l'avenir, vous consterne et vous épouvante, et elle se trouve en principe dans votre projet même! Ce que vous ne voulez pas aujourd'hui, serez-vous assez fort pour ne pas le vouloir demain? Vos successeurs seront-ils animés des pensées sociales que vous exprimez si bien? Rappelez-vous cette règle éternelle : Un homme peut reculer devant les conséquences d'un principe qu'il a posé, une nation jamais.

C'est M. le ministre de l'intérieur qui nous déclare lui-même qu'il existe un parti qui domine les élections. Il est impossible de nier que l'organisation qu'il donne au corps électoral ne rende les électeurs plus accessibles à l'action, à l'influence des partis, et notamment à celle des hommes dont M. le ministre a si bien caractérisé les œuvres, et le ministère ne veut pas qu'il

____

(1) *Moniteur*, N° 134.

soit permis de tirer de la combinaison, de l'appréciation de tous ces faits, cette réflexion simple, que le *ministère a converti en loi la domination du comité directeur de la révolution*; il ne veut pas que la création d'une action populaire, redoutable aux hommes paisibles, puisse être considérée par un écrivain *comme l'anéantissement de la portion d'influence qui appartient légitimement à l'administration sur les élections.*

C'est en pénétrant ainsi dans le mérite même des paragraphes de l'article accusé que nous trouvons l'occasion d'appliquer la doctrine fondamentale de la défense, et de montrer que nulle part ne se rencontre l'attaque au gouvernement du Roi, mais partout l'exercice du droit de censure. C'est aussi pour nous l'occasion de démontrer que, même en usant du droit de censure, l'article n'a point parlé le langage de la passion.

C'est aussi dans cet esprit que je vous occupe du passage qui a trait à la nouvelle législation de la presse.

Au moment de la réunion des chambres, les moyens d'actions du pouvoir sur la liberté de la presse étaient de trois natures :

1° La nécessité de l'autorisation pour l'établissement d'un journal ;

2° La possibilité de saisir les cours de justice de la question de savoir si le journal devait être suspendu ou supprimé lorsqu'une succession d'articles avait constaté aux yeux du gouvernement une intention coupable ;

3° La censure facultative.

On peut discuter sur le mérite, sur la nécessité de ces trois garanties ; mais il est impossible de ne pas reconnaître que c'est avoir désarmé l'autorité que de les avoir supprimés.

Je laisserai à M. de Martignac, qui fut en 1822 le rapporteur de la commission, le soin de vous prouver la nécessité de l'autorisation, la légalité des accusations de tendance et les bienfaits de la censure facultative.

Dans la séance du 19 janvier 1822 (1), M. le rapporteur s'exprima en ces termes :

« Députés de la France, nous ne croyons pas pouvoir livrer à de nouveaux hasards sa tranquillité et son existence, en ouvrant encore la lice à tous les désordres.

---

(1) *Moniteur* de 1822, N° 20.

» Votre commission pense donc qu'il convient d'admettre le principe que nul journal ou écrit périodique ne peut être publié sans l'autorisation du Roi. Le rejet de cette première proposition détruirait surtout l'effet qu'on peut attendre de l'ensemble des deux lois sur la presse; car si de nouveaux journaux peuvent être publiés sans autorisation, la suppression qui serait prononcée dans les cas déterminés, n'aurait d'autres résultats que de faire paraître le lendemain, sous un nouveau nom, le journal supprimé la veille. »

Voilà pour l'autorisation. Voici pour le crime de tendance :

« L'article 3 du projet, dit M. le rapporteur, contient une disposition plus grave et tout-à-fait nouvelle dans notre législation. Il porte : « Que dans le cas où l'esprit et la tendance générale
» d'un écrit périodique ou journal, serait de nature à porter
» atteinte à la paix publique, au respect dû à la religion de
» l'état et autres religions reconnues en France, à l'autorité
» du Roi et à la stabilité des institutions constitutionnelles, les
» cours royales dans le ressort desquelles ces écrits seront im-
» primés, pourront les suspendre et même les supprimer, s'il
» y a lieu. »

» Cette disposition mérite d'être examinée avec un soin particulier.

» Notre premier devoir, et personne n'essayera de nous contredire sur ce point, est de garantir la paix publique, la religion, le Roi, et nos institutions des dangers d'une licence meurtrière.

» Ce but peut-il être atteint par des règles spéciales qui définissent les délits de la presse, et qui leur appliquent des peines ? C'est là, Messieurs, ce qu'il n'est pas possible de prétendre.

» Rien n'est plus facile que d'échapper à des écueils clairement signalés, et d'arriver ainsi, sans péril comme sans obstacle, au terme qu'on se propose.

» Il y a en France trop d'esprit (et M. de Martignac a bien le droit de le dire), il y a en France trop d'habileté dans ceux qui écrivent, trop d'intelligence et d'aptitude à saisir dans ceux qui lisent, pour qu'une loi puisse prévoir et atteindre toutes les attaques dangereuses et coupables.

» Quel mal ne peut-on pas produire par d'adroites allégories, par de perfides rapprochemens, par des récits où il n'est besoin de changer que le nom des acteurs et le lieu de la scène ! Qui ne connaît ou qui ne devine toutes les ressources de ce genre que l'esprit peut suggérer à la haine, et que la haine tourne si habilement à son profit.

» Faut-il livrer la société désarmée à d'aussi funestes combats? Suffira-t-il de la garantir de ces coups violens mais rares, qui blessent, mais dont on guérit? Et faudra-t-il la laisser périr sous l'action de ces coups faibles mais continus qui meurtrisent lentement la place où ils touchent, et qui finissent par donner la mort?

» Nous devons la sauver, Messieurs, et pour y parvenir, il faut donner au pouvoir qui la défend une armée égale à celle dont les passions se servent pour l'attaquer.

» C'est l'objet de la disposition qui nous occupe.

» Si l'esprit et la tendance générale d'un écrit périodique, dit le projet de loi, sont de nature à porter atteinte à nos intérêts les plus chers, les cours pourront les suspendre ou même les supprimer?

» Ces mots : l'esprit et la tendance générale sont bien vagues et bien indéfinis, on l'a déjà dit, on le dira encore et on le dira avec raison. Mais c'est ce vague lui-même qui fait toute la force et toute la nécessité de la loi.... »

Voilà, Messieurs, de décisives paroles, dont nous allons retrouver l'atticisme et la précision dans celles relatives à la censure. M. le rapporteur continue :

« Je passe à l'article 4, qui ne nous arrêtera pas long-temps.

» Cet article porte que, si dans l'intervalle des sessions des chambres, des circonstances graves rendaient momentanément insuffisantes les mesures établies, les lois du 31 mars 1820 et 26 juillet 1821 pourront être remises en vigueur en vertu d'une ordonnance du Roi, contresignée par trois ministres (1).

» Votre commission n'a pas pu, Messieurs, rejeter cet article.

» Le Roi s'est réservé, par l'article 14 de la Charte, la faculté de faire toutes les ordonnances nécessaires pour la sûreté de l'état.

» Le gouvernement aurait donc pu, dans les circonstances

---

(1) Avant la publication de toute feuille ou livraison, le manuscrit devra être soumis, par le propriétaire ou l'éditeur responsable, à un examen préalable. (Loi du 31 mars 1820, art. 4.)

graves que suppose l'article, et dans l'intervalle des sessions prendre lui-même les mesures qu'il vous propose d'autoriser. Il a pensé que pour des cas possibles et prévus, il devait procéder, non par exception, mais d'après les règles générales, et il vous demande, pour ces cas particuliers, une disposition facultative.

» Votre commission, pénétrée de tout le danger qui accompagnerait la licence des journaux dans des circonstances difficiles, convaincue de l'insuffisance des mesures répressives les mieux combinées dans les momens de crise, a adhéré à la proposition du gouvernement, et vous propose à son tour de l'adopter. »

Il a été permis à M. de Martignac de se convertir à d'autres opinions (1). Le ministre de 1828 a pu répudier les doctrines du rapporteur de 1822; mais assurément ce n'est pas outrager le gouvernement du Roi, ce n'est point le livrer à la haine et au mépris que de discuter un point de législation, ce n'est pas un crime que de considérer encore comme protecteurs de la société des principes dont l'un des membres du ministère accusateur a si bien, dans la plus brillante époque de sa vie, démontré la prévoyance et la nécessité.

Au surplus, c'est encore là un paragraphe dont on ne peut pas contester la vérité historique :

Le principe de l'autorisation est un principe monarchique.

N'est-il pas vrai que ce principe a été effacé de la loi de la presse ?

N'est-il pas vrai que par l'abolition de la censure la royauté a été dépouillée d'un puissant moyen de défense.

N'est-il pas, enfin, possible de rappeler sans attentats cette opinion qui fut celle de la minorité (2) qu'une loi qui rend la suspension et la suppression illusoires a consacré la licence parce qu'elle a destitué le pouvoir de tous les moyens de la réprimer ? n'est-il donc plus permis dans ce temps de liberté d'écrire l'histoire de la législation !

---

(1) On peut voir, dans la mémorable réponse du ministre de l'intérieur à un vétéran de l'opposition, dans ce discours apologétique, de la marche adoptée par le ministère, quelles sont aujourd'hui les opinions de M. de Martignac sur *l'autorisation, le délit de tendance et la censure*. Moniteur, N° 155.

(2) Pièces justificatives, N° XV.

Pour se préoccuper des paragraphes que nous venons d'analyser il faut être doué d'une extrême susceptibilité; mais comment expliquer la colère qu'inspire au ministère le paragraphe suivant qui figure avec tous les autres dans l'accusation. Je veux parler de l'article relatif à l'interprétation des lois.

De toutes les concessions offertes par le ministère, une seule peut paraître, au premier coup-d'œil, parfaitement en harmonie avec les principes du droit commun et ceux du gouvernement représentatif.

Il est de principe que le droit d'interpréter la loi appartient au pouvoir qui l'a créée (1).

Et puisque les lois sont l'ouvrage de la puissance législative, il devient naturel que cette puissance soit chargée de dissiper des obscurités que les tribunaux ont trouvées impénétrables.

Ces réflexions n'avaient point échappé aux jurisconsultes éclairés qui, depuis la restauration et dans le sein des chambres, se sont occupés de la solution du problême.

Une réflexion fort simple a toujours maintenu le droit d'interprétation parmi les prérogatives de la couronne : la divergence qui s'est prononcée parmi les tribunaux sur le sens de la loi soumise à l'interprétation ne peut-elle donc pas éclater parmi les trois branches du pouvoir législatif? L'explication, l'interprétation proposée par la couronne sera-t-elle adoptée par l'une ou par l'autre chambre? ne peut-il pas arriver que l'un des pouvoirs se prononce pour la jurisprudence des cours royales, tandis qu'un autre adoptera l'opinion de la cour de cassation? le rejet du projet présenté ne convertira peut-être pas le conseil-d'état, et cependant il ne s'agit pas ici d'une disposition législative à laquelle on peut renoncer, il faut une interprétation, et, par cela même, il est nécessaire qu'une seule autorité prononce. Plus on médite sur le préambule de la Charte constitutionnelle, plus on reconnaît que c'est avec raison que l'interprétation était laissée à la puissance royale, à qui d'ailleurs appartient l'initiative, et qui peut facilement retrouver les intentions qui ont présidé à la présentation de la loi.

Dira-t-on que le droit exclusif du trône doit être restreint au cas de divergence; mais alors de deux choses l'une, ou

---

(1) C'est dans ce sens que la loi 12 au Code *De Legibus* fait du droit d'interpréter un des attributs de l'autorité impériale.

le projet d'interprétation proposé par la couronne sera adopté par les deux chambres, et alors, dans la réalité, c'est la puissance royale qui interprète, ou, bien au contraire, un dissentiment s'établira, et par cela même le Roi restera seul chargé de l'interprétation.

La loi nouvelle n'a point prononcé sur une hypothèse très-probable, celle de la divergence entre les trois branches de pouvoir législatif; elle a laissé une lacune dans la législation; et si jamais une disposition supplémentaire, au surplus inévitable, vient prononcer en faveur du trône, les choses se trouveront rétablies dans l'état où elles étaient avant la concession de 1828.

Ce n'était guère la peine de s'exposer au reproche d'avoir enlevé l'interprétation des lois à la royauté pour l'attribuer aux chambres.

C'est l'expérience qui se chargera du soin de rendre à la couronne un de ses attributs; mais, dès à présent, ce que nous dirons, et ce que nous dirons sans crime, parce que c'est l'expression rigoureuse et très inoffensive d'un fait incontestable, *c'est que l'interprétation des lois a été enlevée à la royauté pour être attribuée aux chambres.* C'est la phrase même de la *Gazette.*

La concession relative à la dotation de la pairie peut être plus facilement appréciée.

Il est en effet dès à présent possible de se faire une juste idée de cette concession, qui n'est encore qu'un projet qui attend l'assentiment de la chambre des pairs.

C'est au Roi seul qu'il appartient de reconnaître et de récompenser les services rendus dans l'ordre civil comme dans l'ordre militaire. Parmi les droits que renferme ce noble privilège, se trouvait celui de présider à la répartition des fonds qui composaient la dotation de la pairie. Aujourd'hui les extinctions profitent au domaine, et des dotations ne peuvent plus être attribuées que par le pouvoir législatif aux pairs qui se trouveraient dépourvus des moyens de soutenir le rang auquel ils seraient élevés.

« Le pays, a dit le rapporteur, peut vouloir s'associer à » son prince, pour récompenser le mérite et former une » dotation à celui que la sagesse du monarque a su distin-» guer (1). »

(1, *Moniteur,* N° 202.

Si donc des services ont illustré l'indigence, le Roi ne pourra songer à conférer la première dignité du royaume, qu'autant qu'il sera probable que la nation, par l'organe de ses représentans, voudra concéder une dotation sans laquelle l'éclat des dignités ne serait qu'un malheur de plus. Quelle garantie que des services précieux aux yeux du pouvoir ne seront pas des titres à la haine des majorités du moment ? Il faudra donc aussi que des services personnels, dont le chef de l'état doit rester le juge suprême, soient livrées à l'appréciation des chambres.

Jamais atteinte à la prérogative royale ne fut plus évidente, et, au surplus, quelle que soit l'opinion que l'on puisse à cet égard conserver, comment ne pas dire encore avec l'article incriminé :

« *La dotation royale de la pairie a été convertie en une* » *rémunération nationale soumise à la sanction législative.* »

Jusqu'ici le langage de la *Gazette* ne donne aucune prise à l'accusation. Comment incriminer des expressions purement énonciatives, et qui ne parlent point à l'imagination ? Le langage tenu relativement aux deux ordonnances lui offriraient-ils un texte plus favorable ? Les deux ordonnances sont qualifiées, j'en conviens. Mais avant de prononcer sur ces qualifications, il faut réfléchir sur les ordonnances mêmes, il faut se demander si les épithètes prodiguées depuis longtemps, et par une foule d'écrivains à ces dispositions n'étaient pas inspirées, commandées par la nature même des choses.

Quand la charte a promis tolérance et protection à tous les cultes, la charte n'a sans doute pas voulu parler de ces opinions intimes renfermées dans le fond de la conscience, et que Dieu seul peut connaître. Ces opinions restées dans des régions inaccessibles n'ont pas besoin de la protection des lois parce qu'elles résident, parce qu'elles vivent dans un asile où la méchanceté des hommes ne peut les atteindre. La charte a parlé des usages, des habitudes, de cérémonies extérieures, parce que ce sont là des manifestations qui sont susceptibles d'opposition ou de troubles, et qui peuvent avoir besoin de tolérance ou de protection. C'est dans ce sens que protection est donnée au judaïsme, et même à l'islamisme; il est donc permis à des hommes de se réunir et de pratiquer les règles de saint Ignace ou de saint Benoît; il est donc permis à des professeurs de suivre dans la distribution de leur temps, dans le choix de leurs prières, dans les observances légales, les institutions de cette société que le concile de Trente a nommé un saint institut. Les jésuites ne forment sans doute pas cet être moral nommé corporation, et que l'autorisation royale peut seule investir du droit d'acquérir et de posséder, mais les jésuites considérés isolément sont dans l'ordre légal, et sans examiner si l'arrêt du parlement de 1762 peut être rangé parmi les lois de l'État, si des arrêts, qui n'avaient d'autorité que dans leurs ressorts, sont une partie constitutive de la législation ; sans examiner si l'édit de Louis XV, du mois de novembre 1764, ne fut pas un édit de protection essentiellement destiné à mettre un terme aux persécutions et aux dilapidations qui avaient suivi les arrêts du parlement de Paris (1) ; sans rechercher quelle fut l'influence qui amena l'édit de 1777, je m'arrête à une idée simple : c'est que depuis l'ouverture des États généraux, depuis le 1ᵉʳ mai 1789, une ère nouvelle a commencé pour la France ; que c'est de cette époque seulement que peuvent dater les capacités et les incapacités des classes et des personnes ; qu'enfin il n'est pas de position sociale qui ne pût être inquiétée, s'il était permis de compliquer ainsi le nouvel ordre politique de toutes les proscriptions prononcées sous l'ancien.

Une réflexion plus simple dans son expression et plus décisive encore : c'est que la Charte constitutionnelle, art. 3, déclare tous les Français également admissibles à tous les emplois ; c'est qu'elle déclare que chacun professe sa religion avec une égale liberté, art. 4, d'où la conséquence infaillible que le catholique peut sans compromettre son admissibilité aux emplois de l'enseignement, se jeter, s'il en a le désir et se maintenir s'il en a le courage, dans les voies des conseils évangéliques ; s'il en était autrement, le catholique ne serait pas maître de professer sa religion avec la liberté qui n'est refusée à aucun des autres cultes connus dans le royaume. Ce qui me frappe, enfin, parce que c'est là ce qui ferme l'abîme du passé, c'est cet article 68 de la loi fondamentale qui abolit formellement toutes les parties de l'ancienne législation qui ne sont

---

(1) *Histoire de France pendant le 18ᵉ siècle*, par Charles Lacretelle, tome 4, 5ᵉ édition, pages 30 et 37.

plus en harmonie avec la constitution nouvelle. Ainsi aucun doute que la réunion des jésuites dans les pratiques éminemment saintes qu'ils tiennent de leur fondateur ne les met point en opposition avec l'ordre légal, et qu'ils n'ont pas même à redouter l'application de la loi sur la réunion de plus de vingt personnes. Cette loi qui fut faite dans la charitable intention de persécuter ce que l'on appelait la petite Église, cette loi pénale qui s'occupe des associations qui se réunissent à des heures marquées dans un local déterminé, et pour un objet spécial comme dans un Athénée, comme dans une assemblée de charité, n'a aucun trait aux personnes qui, commensales de la même maison, se réunissent pour vivre sous un même toit.

Cependant les évêques ont reçu dès l'ordonnance du 5 septembre 1814 le droit de former de petits séminaires, d'en choisir, d'en nommer les instituteurs, et quelques-uns ont confié la direction de ces écoles ecclésiastiques à des religieux qui suivent la règle de St-Ignace (1).

Je ne connais pas les établissemens des jésuites, jamais dans aucun moment de ma vie je n'ai franchi le seuil d'une maison tenue par eux, je ne saurais donc vous citer mes observations

---

(1) La majorité de la commission que le prince a consultée sur cette question là même n'a rien vu que de parfaitement légal dans le choix des évêques (voir aux Pièces justificatives, N° XVII), et je ne puis renfermer ici ma pensée sur le système que les commissions politiques paraissent vouloir adopter.

Dans toutes réunions d'hommes, la majorité doit l'emporter; une commission reçoit la mission d'émettre un avis, et non pas de raconter toute une histoire; la minorité peut persévérer sans doute dans l'opinion qui n'a pas triomphé; chacun des membres de la minorité peut se donner le plaisir de l'indiscrétion, mais il ne faut pas que l'opinion qui n'a pas prévalu, consignée dans le procès-verbal, vienne ôter quelque chose de son influence morale à l'opinion de la majorité. Il faudrait d'ailleurs ne pas connaître les hommes pour ne pas comprendre que l'espoir de la publicité devient une raison pour ne pas se laisser convaincre. Dans un pareil état de choses, plus de persuasion, plus de discussion même; le lieu de la délibération n'est plus qu'un rendez-vous, où chacun vient apporter des projets irrévocables. Espérons que les commissions politiques imiteront les déférences, la discrétion et la généreuse abnégation de soi-même dont les magistrats donnent l'exemple dans la chambre du conseil.

personnelles, mais j'en crois à la prospérité de ces établissemens : j'en crois à l'amour paternel, à la confiance des mères ; j'en crois encore les paroles nobles et courageuses que monseigneur l'évêque de Beauvais a fait entendre au sein de la chambre élective.....

J'en crois ceux-là mêmes qui se sont fait les ennemis des jésuites, et qui portent l'admiration pour eux jusqu'à l'enthousiasme.

Laissons la mauvaise foi de notre siècle se débattre comme elle le voudra avec des jésuites morts et réfutés depuis 150 ans (1), laissons-la se créer un fantôme qu'elle charge de crime imaginaires et qu'elle dévoue à la haine des peuples ; mais dans cette enceinte ouverte à la vérité, que de si fatales illusions se dissipent, qu'elles se dissipent en présence des témoins qui se lèvent de toutes parts pour déposer en faveur de l'innocence ! C'est, Messieurs, avec d'odieuses impostures que l'on a su faire d'un mot un signe de haine et de proscription ; c'est avec ce mot que dans les classes les plus modestes de la société on désigne l'ouvrier sage et laborieux dont on désespère d'imiter la conduite et la régularité ; c'est avec ce mot qu'on inquiète hors de France, et que l'on signale à la défiance des gouvernemens étrangers des hommes que l'on veut proscrire. Le mensonge ourdi dans des intentions de haine et de vengeance, le mensonge politique ne peut enfanter que des fruits de mort. C'étaient aussi des désignations, dont il semblait que le mépris devaient faire justice, que celles prodiguées au clergé dans le commencement de la révolution, et cependant les peuples trompés ont attaché à ces désignations des projets de vengeance, et cependant ces qualifications absurdes ont retenti dans les jardins des Carmes, dans les cours et sous les voûtes de l'Abbaye au milieu des prières des victimes et des imprécations des bourreaux !

Oui, les établissemens détruits étaient éminemment utiles à la religion, mais s'il est permis de gémir sur leur destruction, que penser en songeant à des exigences dont le principe même

---

(1) Voir le plaidoyer pour l'*Étoile*, affaire Lachalotais ; édit. officielle, pag. 17 à 26. On dit *édition officielle* pour distinguer l'édition à laquelle on renvoie de plusieurs autres éditions qui ont paru soit en France soit à l'étranger.

de notre gouvernement semblait devoir nous garantir? Écoutez le langage de ces hommes qui se disent les amis des franchises nationales.

Jurez, attestez par écrit que vous n'appartenez pas à cette société devenue célèbre précisément par les services qu'elle a rendus à l'instruction; jurez, car si vous êtes profondément instruits dans l'art d'élever, de guider la jeunesse, vous serez par cela même repoussés de toutes les fonctions de l'enseignement; jurez que vous n'appartenez pas aux associations qui, sans en avoir demandé l'autorisation, pratiquent dans l'intérieur de leurs maisons des règles tracées par des saints que l'Église révère; des vertus sans autorisation sont transformées par nous en des titres d'exclusion et d'incapacité. Et quoi, messieurs, c'est sous l'empire de la charte constitutionnelle, c'est dans un pays catholique que se trouve imposée la nécessité de cet étrange serment; et ce qui confond d'étonnement, c'est qu'au moment même où ils prononcent des incapacités et des exclusions, les hommes qui ont sollicité les ordonnances, protestent de leur mansuétude et de leur amour pour la paix.

Éloignez-vous, disent-ils, éloignez-vous de l'instruction, vous qui n'avez préparé votre vie qu'à cette douce et noble destination; c'est en vain que la charte promet que les croyances, que les pensées, que les pratiques religieuses n'établiront pas de différence entre les Français, par cela seul que vous possédez le *ratio studiorum*, nous vous frappons d'incapacité, nous vous défendons de remonter dans ces chaires, que vous avez illustrées par votre science et par vos vertus; mais, nous le déclarons à la France, à l'Europe entière, nous ne vous persécutons pas !

Quittez ces maisons que vous avez élevées; quittez-les au moment même où vous trouviez dans leur prospérité la récompense la plus digne de vous. Partez....., nous ne vous persécutons pas !

Condamnés dans votre pays à l'inaction, à l'impossibilité d'être utiles, vous vous éloignerez de la patrie. Nous comprenons cette résolution que nous avons rendue nécessaire..... et cependant nous ne vous persécutons pas !

De toutes les apologies essayées en faveur des deux ordonnances, la plus inattendue est assurément celle présentée par le ministre de l'instruction publique.

«Eh! Messieurs, a dit ce ministre (1), qui parle de troubler
la liberté des consciences? qui parle de s'enquérir de ce qui se
passe entre Dieu et l'homme? Tant que vous restez dans vos
fonctions ecclésiastiques, la puissance civile n'a pas le droit de
vous rien demander; mais, lorsque vous vous présentez pour
enseigner, la puissance civile a le droit d'examiner si vous rem-
plissez les conditions exigées par les lois de l'État, et si les
principes que vous professez n'ont rien de contraire aux lois
de l'État. Ce n'est pas là une question de conscience, mais
une question d'aptitude. »

Je m'étonne désormais des plaintes que font entendre les
catholiques d'Irlande. Au fait, qui parle dans les trois royau-
mes de s'enquérir de ce qui se passe entre Dieu et l'homme?
Si les catholiques consentent à rester dans la misère et dans
l'obscurité, qui songera jamais à leur faire un crime de leur
attachement à la cour de Rome; mais s'ils réclament des droits
politiques, s'ils briguent des emplois publics, s'ils se présentent au parlement, qu'ils prêtent le serment du *test*, ou qu'ils
rentrent dans la poussière. Comment pourraient-ils se plaindre? ce ne sont pas là des questions de conscience, ce sont là
des questions d'aptitude.

« Ne faut-il pas, a dit encore le ministre de l'instruction
publique, remplir certaines conditions pour être admis à l'exercice de certaines professions, celle d'avocat ou de médecin,
par exemple? » De quelle perspicacité ne faut-il pas être doué
pour apercevoir la plus légère analogie entre des choses si
dissemblables? Il faut, sans doute, qu'un noviciat réponde à
la société de ceux qui prétendent exercer des professions auxquelles se rattachent des responsabilités redoutables. Mais
qu'importe à l'ordre social que des professeurs, qui d'ailleurs
ont pris leurs degrés, s'attachent à marcher dans la voie des
conseils évangéliques; il existe au surplus des lois qui prescri-
vent la nécessité du diplôme; le ministre essaie donc ici de
résoudre la question par la question même. Montrez sous l'empire de la charte constitutionnelle les lois qui déclarent incapables des fonctions universitaires les hommes qui suivent les
principes tracés par les fondateurs de la vie monastique; montrez ces lois comme vous pouvez montrer celles qui organisent
l'école de droit et l'école de médecine, et alors je concevrai

---

(1) *Moniteur*, N° 191.

vos inductions et vos analogies. Il appartient, dites-vous, à l'autorité de prendre des renseignemens avant d'accorder sa confiance; sans doute, ce n'est pas seulement le droit de l'autorité, c'est encore son premier devoir; mais s'agit-il ici de renseignemens individuels? Vous posez en principe que toute une classe, toute une catégorie de citoyens est incapable des fonctions de l'enseignement, et puis vous dites à chaque candidat répondez-moi sous la foi du serment : appartenez-vous à la catégorie que j'ai proscrite? De bonne foi, est-ce donc là s'enquérir des antécédens personnels à chacun des candidats? Ce sont précisément ces incapacités légales prononcées par ordonnances qui constituent la plus dangereuse atteinte à notre droit public. Dans un gouvernement représentatif les influences politiques sont variables; aux wighs, on voit succéder les torys; serait-il donc possible que demain le jansénisme ou le protestantisme devinssent des motifs d'exclusion? C'est aux chambres, c'est dans les formes législatives qu'il fallait proposer une si grave modification de la loi fondamentale, et qui vous dit qu'alors le rapport de la commission et des apologies éloquentes, mais devenues tardives puisque le mal était fait quand elles ont été entendues; qui vous dit que les principes mêmes que professent les orateurs d'une opinion que vous avez flattée, n'auraient pas prévenu une si dangereuse et si révoltante proscription? Toute la France applaudissait à cette réunion des jeunes laïques et des jeunes clercs, qui permettait d'espérer que le sacerdoce ne serait point étranger au milieu de la population qu'il doit éclairer. Eh bien! répond encore M. le ministre de l'instruction publique, que les jeunes lévites viennent à nous, les colléges leurs sont ouverts : comme si les choses étaient égales! Qui ne comprend que le jeune laïque pourra bien trouver dans les écoles ecclésiastiques des études religieuses plus fortes que ne le demanderont les travaux de sa vie; mais que le jeune lévite ne rencontrera pas dans les colléges universitaires une préparation suffisante au saint ministère qu'il doit exercer (1)? Les ordonnances ne tolèrent pas chez les hommes ce qu'il y a de plus tolérable au monde, l'excès dans la vertu. Les ordonnances détruisent ce qui existe, frappent de mort civile des

---

(1) Pièces justificatives, N° XVI. Discours de Mgr. l'évêque de Beauvais, sur la nécessité des petits séminaires.

classes tout entières, et M. le garde-des-sceaux nous apprend lui-même que c'est le ministère qui a proposé ces deux ordonnances à la piété du Roi. Personne n'ignore la remarquable coïncidence qui existe entre le moment où les ordonnances ont paru, et la menace de certaine accusation. Ainsi, lorsque la *Gazette* a dit que des ordonnances d'intolérance et de persécution avaient été comme arrachées à notre religieux monarque, la *Gazette* a parlé le langage de l'histoire.

Oui, Messieurs, les deux ordonnances ont été caractérisées avec justesse, avec équité; il faut choisir entre le silence et le seul langage que la vérité autorise.

La guerre de la Morée ne peut ni ne doit devenir le sujet d'une discussion dont le premier tort serait celui d'offrir le caractère d'une grave indiscrétion. Les vœux de tous les Français doivent se réunir pour le succès des armes du Roi. Je ne présente qu'une observation.

Des soldats qui réunissent l'intelligence à la bravoure s'intéressent inévitablement à la cause que l'autorité leur donne à soutenir.

« Vous armez, monarque imprudent, disait-on à Louis XVI » dans une brochure qui parut en Angleterre vers 1777; vous » armez : oubliez-vous donc dans quel lieu, dans quelles cir- » constances, et sur quelle nation vous régnez? Vous armez » pour soutenir l'indépendance de l'Amérique et les principes » du congrès. Quel danger n'y a-t-il point de mettre l'élite de » vos officiers en communication avec des hommes enthou- » siastes de liberté; vous vous inquiéterez, mais trop tard, » quand vous entendrez répéter dans votre cour des axiômes » vagues et spécieux, médités dans les forêts de l'Amérique. » Comment après avoir versé leur sang pour une cause qu'on » nomme celle de la liberté, vos soldats feront-ils respecter vos » ordres absolus. »

Les événemens se sont chargés du soin de justifier ces prédictions, et c'est aussi parce qu'ils connaissaient bien le caractère du soldat Français, qu'en 1823, et lorsque s'agitait le projet de la guerre d'Espagne, les écrivains d'une opinion ont dit qu'on voulait donner une armée au pouvoir absolu, et peut-être faut-il convenir que la pensée de ce roi devenu l'esclave de ses sujets, et dont un autre roi voulait briser les fers, que la présence de ce noble fils de France, *toujours prêt à braver la mort en si bonne compagnie*, ont vivifié dans le cœur de nos guerriers les sentimens d'une impérissable fidélité. Pourquoi des pressentimens d'une autre nature ne se seraient-ils pas offerts à la pensée d'un publiciste en songeant à la guerre de la Morée ? Est-il permis d'ignorer que des hommes annoncent hautement le projet de faire régner la démocratie dans le Péloponèse et dans l'Attique ; que cette guerre qu'ils appellent de tous leurs vœux leur est chère surtout parce qu'ils espèrent que des idées d'indépendance circuleront parmi nos soldats dans cette guerre d'affranchissement, et sur cette terre classique de la liberté. Ne sont-ce pas les mêmes hommes qui se donnent tous les honneurs d'une détermination à laquelle ils prétendent avoir entraîné le ministère ? Et l'on veut qu'un écrivain, qui du reste n'accuse pas les intentions du ministère entraîné, ne puisse pas dire que l'expédition est tout entière dans l'intérêt de la révolution ; qu'elle aura pour résultat de compléter la spoliation du monarque déjà commencée par l'abandon de tant et de si précieuses prérogatives !

Ce qui met un terme à la discussion sur ce point, c'est que les regrets donnés à l'emploi des 80 millions ne rentrent pas dans les termes de la loi pénale, et qu'il faut nier les projets de certains philhellènes pour ne pas comprendre les appréhensions de la *Gazette*.

C'est aussi par des appréhensions plus largement exprimées que se termine l'article accusé, et je crois devoir ici rappeler des réflexions auxquelles je me livrais dans une autre cause.

« Ce serait Messieurs, une loi bien étrange (disais-je aux » juges de M. Fiévée), ce serait une loi bien étrange que celle » qui ferait un crime à un publiciste d'avoir aperçu dans l'a- » venir les conséquences funestes d'une fause direction et de » l'avoir dit avec toute la force qui se trouve en lui ? (1) » Or c'est là précisément le crime dont le ministère nous accuse aujourd'hui.

Je sais qu'il est convenu de ne plus redouter le monstre des révolutions : qu'il est convenu de voir sans inquiétude triompher des doctrines trop semblables à celles qui amenèrent la subversion totale de l'ancien ordre politique, et je ne prétends pas troubler dans leur quiétude certains fanfarons de sécurité. Toutefois, il en faut convenir, le temps qui s'est écoulé depuis

---

(1) *Correspondance politique et administrative*, treizième partie, tome 4, page 88.

la guerre d'Amérique jusqu'à l'assemblée des notables, c'est-
à-dire depuis 1783 jusqu'à 1786 n'est pas sans quelque analogie avec celui dans lequel nous vivons. Alors aussi tous les
cœurs s'abandonnaient aux plus douces espérances, tous les
esprits aux plus enivrantes illusions. Si du milieu du clergé
quelques voix s'élevaient pour donner des avertissemens sévères, elles se trouvaient comme étouffées au milieu des élans
de la joie publique. Les Français ressemblaient alors à une
troupe d'enfans qui se jouent sur les bords d'un abîme, et ce
n'est pas pour se soustraire à des servitudes que Louis XVI
avait abolies, ce n'est pas même du milieu des peuples que
le cri de liberté s'est fait entendre; c'est dans une région plus
élevée que se sont formés et qu'ont éclaté les orages. C'est
précisément au sein d'une grande opulence que l'ambition
vient donner ses plus dangereux conseils : tous les systèmes
politiques paraissent bons à ceux qui se croient appelés à les
diriger. La stabilité des États ne repose que sur deux bases :
la légitimité des rois et la puissance des pensées religieuses. Un
peuple sans foi politique, ou qui, par la nature de ses institutions, aurait anéanti la puissance souveraine, un peuple qui,
d'ailleurs, serait sans conviction religieuse, ne devrait
qu'au hasard une tranquillité sans garanties. Un vaisseau sans
agrès n'est pas toujours submergé, mais il est toujours sur le
point de l'être. Au surplus, ces appréhensions ne sont-elles
pas partagées par les écrivains les plus éclairés.

« La France, a dit un magistrat dans un écrit très-remar-
» quable (1), la France est entraînée par une fatalité irrésis-
» tible vers une seconde révolution qui ne s'attachera plus
» seulement aux individus, mais aux races. Les hommes
» qui doivent l'accomplir sont au milieu de nous ; nous
» les voyons tous les jours ; nous conversons avec eux
» sans savoir tout ce qu'il y a de rage dans leur cœur et de
» sang dans leur pensée. Attentifs à leur proie, ils calculent
» froidement les terribles conséquences des événemens qui
» s'approchent, et se préparent à remplir leur mission. Com-
» bien de fois, en parcourant la ville, ils sourient de pitié à ces
» puissances du jour, à ces stupides bourgeois qui se croient
» maîtres de l'Etat, et qui sont déjà marqués pour la mort....

____

(1) *Des Moyens de mettre la Charte en harmonie avec la royauté*,
page 193.

» Qu'on ne s'y trompe pas : les hommes qui commencent
» cette seconde révolution ne sont point appelés à la finir. Ils
» seront ensevelis sous les débris du trône avec leurs crimi-
» nelles espérances; ils périront, parce qu'ils n'ont reçu de
» force que pour détruire, et que la chute de la monarchie
» accomplira leurs desseins.... La démocratie que l'on veut
» établir, et qui s'établira infailliblement, armera encore une
» fois l'Europe contre la France. L'armée ne pourra résister
» avec ses ressources ordinaires à une aussi puissante inva-
» sion. Nos hommes d'aujourd'hui se troubleront; ils balance-
» ront sur les mesures à prendre, et c'est alors qu'apparaîtront
» les hommes de la seconde époque, qui se chargeront de la dé-
» fense du pays. Ils s'élanceront au pouvoir, le fer et la flamme
» à la main, et balaieront devant eux comme une vile pous-
» sière, ces éloquens idéologues, bons pour préparer les révo-
» lutions, inhabiles à les contenir. Aux cris forcenés de ces
» nouveaux amis du peuple contre les nobles, les riches et les
» prêtres, le peuple tressaillera de joie; ils le plongeront dans
» le sang, ils le couvriront de crimes, parce que ce sang et ces
» crimes seront le gage et la mesure de la résistance qu'il devra
» déployer contre l'ennemi.

» Qu'arrivera-t-il ensuite ? La France conservera-t-elle son
» indépendance ? Sera-t-elle destinée à un honteux partage ? Un
» nouveau tyran la fera-t-il rentrer sous le joug ? Dieu le sait !
» Gloire, honte, puissance, ruine; tout est possible, à l'ex-
» ception de la liberté.

» Quant à moi, jusqu'à ce que ces choses arrivent, je pas-
» serai pour un insensé; mais lorsque la tempête aura brisé le
» vaisseau dont je m'efforce de signaler le danger, alors, pilote,
» matelots et passagers reconnaîtront, dans leur désespoir, la
» vanité de leurs illusions, et la sagesse de mes conseils. »

Que devient, à côté de ces éloquentes et tragiques paroles,
le paragraphe que je défends ?

Au surplus, il faut bien comprendre les avertissemens donnés par la *Gazette*; c'est pour l'hypothèse où le ministère
persisterait dans la même voie, qu'elle aperçoit dans l'avenir la
république ou l'usurpation, la déesse Raison ou le triomphe
du protestantisme; et, dans la vérité, si des concessions nouvelles viennent s'ajouter à toutes celles de la dernière session;
si le pouvoir suprême, si la direction souveraine échappent
des augustes mains à qui la charte constitutionnelle les confie,
quel malheur devient impossible ? Le char de l'Etat, demeuré

sans guide, ne pourra-t-il donc pas se précipiter dans l'abîme ? Qui pourrait le nier ? Arrêtez-vous, réfléchissez, il en est temps encore : c'est là ce que renferme le dernier paragraphe de l'article incriminé.

La carrière est parcourue.

Le sens de la loi pénale est fixé.

L'article rapidement examiné n'offre pas la plus légère analogie avec les excès que cette loi a voulu punir.

L'article approfondi répond à tous les genres d'objection dont on pouvait l'environner.

Une réflexion ressort de la discussion et la domine tout entière.

Il est possible de se former des opinions très-différentes sur deux graves sujets de méditation : l'homme et la société.

La religion, ne voyant dans l'homme qu'une intelligence servie par des organes, se préoccupe essentiellement de ses devoirs et de son avenir; une philosophie plus commode s'occupe avant tout de la vie matérielle et présente. Si des régions de la morale, je passe à celles de la politique, deux écoles s'ouvrent à mes yeux.

Ici des publicistes se consacrent à la défense du pouvoir qu'ils veulent fortement armé, parce qu'ils le veulent protecteur et durable; là, d'autres écrivains se constituent les patrons des libertés publiques. D'un côté, les doctrines religieuses et monarchiques; de l'autre, émancipation absolue en matière de croyance, et en matière politique indépendance portée fort loin.

Toutefois, l'amour de la loi fondamentale peut se trouver dans les deux écoles. Dans l'une, on veillera avec la plus active sollicitude au maintien des articles de la charte constitutionnelle, qui protégent la religion et qui constituent la prérogative royale. Ailleurs toute la surveillance sera portée sur les dispositions qui ont fondé les franchises nationales.

Tant que les hommes de ces deux doctrines n'écriront que dans l'intérêt des opinions qu'ils ont adoptées, quelle est donc l'autorité ennemie de toute discussion qui essaiera de les punir de l'exercice d'un droit, ou pour mieux dire de l'accomplissement d'un devoir. Les condamnations ne sont point faites pour les défenseurs de la prérogative ni pour ceux des libertés définies et déterminées par le pacte fondamental. Il faut conserver les condamnations pour les zélateurs du despotisme ou pour ceux que le règne de la convention n'a point désabusés des utopies républicaines. Qu'il soit donc permis au journal que je défends de s'affliger en contemplant le spectacle que la France offre depuis quelques mois.

Des établissemens ecclésiastiques qu'il aurait fallu créer, si l'on ne les avait pas possédés, s'écroulent à la voix de l'autorité. Le même pouvoir qui déclare que 38,000 paroisses sont privées de pasteurs essaie de donner des limites aux vocations religieuses; on repoussera du sanctuaire un jeune homme appelé par le ciel même, parce qu'il est arrivé un moment trop tard...., un Fénelon, un Bossuet, peut-être! L'Eglise a perdu sa souveraine influence sur l'éducation de ceux qui doivent enseigner ses doctrines et dispenser ses bienfaits. La perfection de la vie évangélique est signalée comme un sujet de suspicion et de défiance. Des exigences, qui ne sont pas de ce siècle, nous menacent du sort des catholiques d'Irlande; et le jour de leur émancipation sera peut-être celui de notre servitude : cependant il ne sera pas permis à la *Gazette de France* de dire que de pareils actes ne sont pas en harmonie avec le droit public du pays!

La prérogative royale est menacée d'une radicale destruction; et un journal sera coupable parce qu'il aura jeté un cri d'alarme! Un journal n'aura pas le droit de résumer, non pas seulement les opinions soutenues aux deux tribunes politiques par les membres de la minorité, mais celles que ses rédacteurs ont cent fois professées dans des termes bien autrement énergiques que ceux dont on se formalise aujourd'hui, et cela sous les yeux de l'autorité, dont le silence ressemblerait à une sorte de piége.

Avocat, je ne sais qu'applaudir aux absolutions prononcées par la justice; mais enfin, ne serait-ce pas une chose au moins bien étonnante, que les rigueurs fussent spécialement réservées à des opinions sociales et conservatrices de la liberté véritable? La liberté morale, la seule digne de l'homme, c'est la religion qui la donne, parce que seule elle nous affranchit de la plus dure des servitudes, celle des passions; la liberté politique, c'est le pouvoir royal qui la garantit, parce qu'il nous sauve des ignobles tyrannies qui, pendant trop long-temps, ont couvert la France de prisons et d'échafauds. La liberté morale et politique, comme l'ont comprise les écrivains du *Conservateur*, comme la comprennent tant d'hommes illustrés par leurs vertus et par leurs écrits, cette liberté, si le ministère ne l'entend pas, ou s'il n'ose pas la protéger, qu'il nous laisse donc au moins le droit de la **défendre!**

Réplique de M. Hennequin pour la Gazette de France.

Messieurs,

La question à résoudre est maintenant parvenue au dernier terme de la précision et de la clarté. M. l'avocat du Roi dit que ces mots, *le gouvernement du Roi* signifient *le ministère;* moi, je dis que le ministère n'est pas le gouvernement du Roi. Jamais une lutte ne s'est engagée sur un point plus facile à saisir, ni plus susceptible d'être éclairci par la discussion.

Je ne fais point un reproche au ministère public de ne m'avoir pas suivi dans la carrière que j'ai parcourue, car, véritablement, je n'ai aucun droit de lui demander compte de ses moyens d'attaque. M. l'avocat du Roi a pu détourner ses regards des circonstances qui ont inspiré l'article et qui le justifient; mais dire que l'on ne suivra pas son adversaire dans toutes ses argumentations, le dire avec accent, ce n'est pas lui répondre. Voilà la seule remarque que je devais faire sur le refus du ministère public d'aborder la thèse telle que je l'ai posée.

J'ai dit dans ma première plaidoirie que le projet primitif de la loi du 25 mars 1825 avait classé parmi les délits politiques la provocation à la haine et au mépris du gouvernement du Roi. On a demandé dans la discussion, à la chambre des députés, ce que c'était que le gouvernement du Roi; on l'a demandé, parce que ces mots semblaient renfermer une sorte d'équivoque; des hommes d'ailleurs très-éclairés se laissaient persuader que d'après de pareils termes on ne pourrait jamais censurer les actes du ministère. Eh bien! les hommes de tous les partis se sont entendus pour fixer le sens précis de la loi, pour reconnaître dans ces mots *gouvernement du Roi,* un pouvoir essentiellement différent du ministère.

Ainsi, le ministre même qui présentait la loi a répondu aux objections qu'on lui faisait sur la rédaction de l'article amendé par la commission, et sur la contradiction qu'on prétendait y rencontrer ; le ministre a dit : Le gouvernement du Roi, c'est le gouvernement royal dans le sens déterminé par la charte constitutionnelle. Cette réponse, cette explication se trouve parfaitement en harmonie avec notre droit public. Dans la charte constitutionnelle, ces mots le *gouvernement du Roi*, sont employés dans le même sens que dans la loi qui vous occupe.

Dans le titre qui traite des formes du gouvernement du Roi, sous cette rubrique : *Formes du gouvernement du Roi*, on trouve l'initiative, attribut exclusif du Roi, la supériorité dominatrice du monarque, comme chef de l'État, les deux chambres, un ministère responsable, et les principes relatifs à la dotation de la liste civile.

C'est ce majestueux ensemble qui constitue le gouvernement du Roi, et cela est conforme aux données de la politique. Le gouvernement des czars et celui du grand-seigneur sont des gouvernemens despotiques ; le gouvernemet du Roi de France est un gouvernement constitutionnel. Le gouvernement du Roi est le gouvernement donné à la France par Louis XVIII et juré par son auguste frère ; il n'y a là rien de difficile à comprendre, ni de possible à réfuter.

A cela j'ai ajouté que par le gouvernement du Roi, on pouvait entendre encore le droit de gouverner l'État qui réside en la personne sacrée du monarque ; j'ai ajouté que ce droit était immuable dans les princes que la naissance appelle au trône ; je vous ai cité les discours des nombreux orateurs qui ont dit qu'appeler ou regretter l'usurpation, que lui donner des encouragemens ou des larmes, c'était ébranler le droit de gouverner, en tant qu'il réside dans la maison régnante et dans son auguste chef. Ces observations subsistent par la raison qu'elles n'ont pas même été effleurées.

Voyons s'il en sera de même de la proposition du ministère public. Suivant lui, le gouvernement du Roi c'est le ministère, ce sont les membres de l'administration choisie par le Roi ; or, depuis 1814, nous avons eu un grand nombre de ministères, et je soutiens qu'avec la pensée de M. l'avocat du Roi, il n'y a pas un homme en France qui n'ait eu le malheur, tout en vénérant Louis XVIII, tout en chérissant son auguste frère, d'appeler la haine et le mépris sur le gouvernement du Roi.

Voici comment je raisonne : Les ministères qui se sont succédé depuis bientôt quinze ans ont donné ou suivi des impulsions différentes. Chaque écrivain disposé à faire l'apologie de ceux qui gouvernent, quand les hommes de son opinion sont au timon de l'État, chaque écrivain, dis-je, devient un adversaire plus ou moins violent des nouveaux ministres quand le gouvernail arrive dans d'autres mains. Aussi libéraux, hommes monarchiques (je me sers de ces désignations pour me faire entendre), philosophes, défenseurs des idées religieuses, tous, depuis la restauration, ont tour à tour attaqué le pouvoir ministériel : faudrait-il donc arriver à cette affligeante pensée, que dans cette galerie d'écrivains qui a passé sous vos yeux et où toutes les opinions qui existent en France se sont trouvées représentées, vous n'avez rencontré que des ennemis du gouvernement du Roi ?

Je viens de faire entendre, je le conçois, des paroles qui ne sont point apologétiques, en parlant du ministère ; je n'ai cependant pas la prétention d'exciter à la haine et au mépris du gouvernement du Roi. Comment les ministres n'ont-ils pas compris que la discussion des actes qui ont rempli la dernière session n'a aucun rapport avec la personne du monarque, avec son droit de gouverner, avec les formes constitutionnelles de son gouvernement ? Le Roi est toujours en-dehors de ces discussions par cela seul qu'il se trouve sans responsabilité. L'accusation ne s'appuie que sur une confusion dans laquelle le ministère public n'aurait pas dû tomber. Se jeter dans cette méprise, c'est renier toutes nos doctrines politiques.

Dix années se sont écoulées depuis qu'un jeune magistrat, dont la carrière est dernièrement devenue si brillante, développait à cette place même où M. l'avocat du Roi se trouve assis, la doctrine que je combats en ce moment ; ce principe emprunté au Bas-Empire, cette loi de Théodose : *Qui s'en prend au choix de César s'en prend à César lui-même.*

Ce principe a été réfuté par la France entière. On a compris qu'on ne pouvoit confondre le gouvernement du Roi avec l'action du ministère ; que c'étaient là des choses entièrement distinctes. Pourquoi donc cette dangereuse doctrine, que le ministère public lui-même avait fini par abandonner, et qui semblait pulvérisée, foudroyée, est-elle exhumée tout à coup après dix ans de silence ? pourquoi vient-on l'évoquer des tombeaux où l'éloquence et la raison publique l'avaient précipitée ? Comment vient-on dire aujourd'hui que le gouvernement du Roi consiste dans ses ministres, et qu'attaquer ceux-ci c'est attaquer celui-là ?

Je conviens qu'il serait possible qu'à l'occasion de la discussion d'une loi présentée ou d'une ordonnance contresignée, un écrivain se permît des écarts intolérables et qu'il attaquât la personne même du ministre ; alors il n'agirait plus dans l'ordre de la discussion des actes des ministres, mais dans l'ordre des faits de la vie privée. Si un tel écrivain se livrait à des outrages, on lui ferait application de l'art. 6 de la loi du 22 mars 1825 ; la loi a prévu que s'emparant de la vie privée qui n'appartient à personne, l'esprit de parti chercherait là les moyens d'effrayer un ministre au moment où il monterait à la tribune pour remplir ses devoirs ; que l'on pourrait-en s'écartant de toutes les formes parlementaires s'abandonner à de coupables excès. Ici se présenterait un autre délit, et la loi elle-même ouvre des voies de répression. La loi punit les outrages adressés aux fonctionnaires publics à raison de leurs fonctions ; et apparemment que les premiers fonctionnaires de l'Etat ne sont pas déshérités de cette garantie donnée à tous.

Je consens donc que l'on bannisse de la discussion tout ce qui n'est pas du domaine d'une critique légale : mais si vous me permettez de censurer les actes, vous me permettrez sans doute de le faire avec plus ou moins d'énergie. Ce sont les actes mêmes des ministres qui amèneront les expressions dont je me servirai. Les ministres, n'en doutons pas, sont comme tous les hommes sujets à l'erreur. Tant que des anges ne consentiront pas à descendre du ciel pour accepter des portefeuilles, les ministres feront des fautes. Eh bien ! si j'ai droit de leur reprocher une action honteuse, en vérité n'aurai-je pas le droit d'employer les qualifications nécessaires pour caractériser cette action ? Ne serai-je pas forcé comme Boileau d'employer le mot propre pour indiquer une mauvaise action ? sans cela il faudrait tracer une logique, une poétique particulière pour exercer le droit de censure autorisé par l'article 4 de la loi de 1822. La censure, comme un vêtement, doit prendre toutes les formes de la chose censurée. L'attaque sera soumise à la raison, au jugement de ce *tout le monde,* qui a, dit-on, plus d'esprit que chaque homme considéré en particulier, quelque spirituel qu'il puisse être. Si l'attaque n'est pas fondée, chacun reconnaîtra la calomnie ; mais si les plaintes sont légitimes, le ministre ne peut se plaindre de ce que le tableau est trop ressemblant, on lui dira le portrait est conforme au modèle ; c'est vous qui avez posé.

Les Rois de France, qui n'ont pas besoin, pour connaître la vérité, de ces voyages nocturnes que les rois de l'Asie, accompagnés de leurs visirs, ne font peut-être que dans les livres les plus amusans qu'il soit possible d'imaginer, les Rois de France ne peuvent connaître l'opinion publique que par la liberté de la presse; mais par elle aussi ils peuvent la connaître à merveille. Il faut donc que cette opinion soit énergique comme la pensée même.

Je crois la voir aux genoux du monarque, cette Liberté de la presse, qui se trouve comme personnifiée dans nos lois : je la vois éplorée, mais noble, mais éloquente, dévoilant sans d'impossibles ménagemens des erreurs, des fautes ou des crimes; et faisant enfin entendre le langage austère de la vérité, le seul que sache parler l'indignation ou la douleur... Protégez, Messieurs, le droit d'écrire; pour moi je crois au succès de ce qui est sage et judicieux, de ce qui est juste et vrai. Il existe en France une conscience publique qui finit toujours par faire justice du mensonge et de l'erreur. Cette conscience publique ne sera point égarée par la liberté de la presse, quand les amis de la vérité seront vigilans et dévoués. Au milieu de la révolution même, le droit d'écrire a signalé sa puissance; c'est au *cri des familles* et à quelques ouvrages de cette nature qu'il faut attribuer les actes réparateurs qui de loin en loin se rencontrent au milieu de trente années d'agitations, de crimes et de malheurs. C'est au droit d'écrire qu'il faut confier nos destinées nouvelles : ce sera le pilote qui, à travers beaucoup d'orages, peut-être, finira par conduire au port le vaisseau de l'État.

PIÈCES JUSTIFICATIVES.

I.

(Article du 5 août 1828.)

« En jetant les yeux sur les sept derniers mois qui viennent de s'écouler, on peut résumer ainsi les résultats de la session de 1828.

» Les ministres du Roi, remplacés par les ministres de l'opinion, c'est-à-dire de l'opinion que le journalisme avait pervertie;

» Le discours de la couronne, ouvrage du ministère, provoquant des lois avec lesquelles l'autorité royale devait être anéantie;

» L'adresse de la chambre, qualifiant de déplorable un système que deux rois avaient maintenu pendant six ans;

» L'administration du Roi qualifiée de fraude et d'arbitraire, et abandonnée par ceux dont le devoir était de la défendre;

» Des abus de majorité excluant des députés royalistes;

» Le choix du président de la chambre enlevé au Roi par la combinaison du choix des candidats à la présidence;

» Le ministère proposant de convertir en loi la domination du comité directeur de la révolution, et l'anéantissement de l'influence de l'administration du Roi sur les élections;

» Le principe monarchique de l'autorisation royale effacé de la loi de la presse, la royauté dépouillée du seul moyen qu'elle ait de se défendre contre le journalisme dans les moments de troubles, enfin la licence de la presse consacrée par la législation;

» L'interprétation des lois enlevée à la royauté pour être attribuée aux chambres;

» La dotation royale de la pairie, convertie en une rémunération nationale soumise à la sanction législative; des ordonnances d'intolérance et de persécution contre la religion de l'État, arrachées au Roi par l'accusation des ministres de son choix;

» Quatre-vingts millions d'extraordinaire imposés aux contribuables pour commencer par une expédition militaire, dans l'intérêt de la révolution, l'œuvre complémentaire de la spoliation du monarque, en pervertissant l'esprit de l'armée;

» Tels sont les résultats de la session qui vient de finir.

» Pour peu que le ministère persiste dans la même voie, il reste peu de choses à faire dans la prochaine session, pour consommer le rétablissement de la république et l'érection des autels à la déesse Raison, si mieux n'aime la faction substituer tout de suite à la légitimité l'usurpation, et la religion réformée à la religion de l'État. »

II.

(1828. *Moniteur*, N° 49.)

CIRCULAIRE DE M. LE PROCUREUR DU ROI PRÈS LE TRIBUNAL DE L'ARRONDISSEMENT DE FIGEAC.

Le Roi a jugé à propos de dissoudre la Chambre des Députés ; de nouvelles élections vont avoir lieu.

La révolution, quoique si souvent terrassée, a saisi cette occasion pour faire un dernier effort, et tâche de compromettre encore une fois les destinées de la France. (Voix à droite : C'est vrai.)

Insinuations perfides, calomnies dégoûtantes, promesses fallacieuses, rien n'a été épargné pour tromper les amis du trône et de la monarchie (Oui, oui, c'est vrai) au lieu du succès qu'ils en espéraient ; les auteurs de ces manœuvres n'ont recueilli que l'animadversion des gens de bien.

Un pareil châtiment aurait suffi sans doute s'ils s'en fussent tenus là, mais ils se sont trompés ; honteux de leur petit nombre, ils cherchent à y suppléer par l'audace, et ce n'est plus que la menace à la bouche qu'ils abordent les électeurs qui ne partagent pas leurs sentimens. (Voix à droite : C'est encore vrai.)

Ici commençaient de nouveaux devoirs pour nous ; l'exercice des droits politiques est une propriété sacrée : toute atteinte portée à l'exercice de ces droits blesse trop l'ordre public pour demeurer impunie. La peine encourue est prononcée par les articles 109 et 110 du Code pénal. (Voix à droite : Vous voyez que la peine n'est appelée que sur des délits commis.)

J'appelle donc, Messieurs, toute votre attention sur ce genre d'infraction : exercez la surveillance la plus active. Ce n'est pas seulement d'un délit correctionnel qu'il s'agit ; l'autorité ne peut douter que les menaces auxquelles on a recours ne soient le résultat d'un plan combiné : dès lors il y a crime aux termes de l'article 110 du Code pénal.

Si les coupables sont pris par vous en flagrant, faites-les arrêter immédiatement et conduire devant moi en état de mandat d'amener ; que si le délit n'est plus flagrant, veuillez m'en rendre compte aussitôt, afin que je puisse requérir les poursuites que les circonstances exigeront.

Je compte, Messieurs, sur votre dévouement, comme vous pouvez compter sur mon zèle à vous seconder. Recevez, Messieurs, l'assurance de ma considération distinguée. Le procureur du Roi, FOURGOUS. (Voix nombreuses à droite et au centre : Mais il n'y a rien de répréhensible dans cette circulaire.... c'est très-légal... Que disiez-vous donc qu'elle était épouvantable?)

III.

(N° 51.)

M. MESTADIER.

Ainsi, Messieurs, le préfet de la Meuse a entendu la loi comme presque tous les préfets et presque tous les journaux ; les trente-quatre inscrits n'ont pas dû se croire dispensés de produire leurs titres ; retranchés de la liste le 30 septembre pour n'avoir produit aucune pièce, ils n'ont pas réclamé contre leur radiation.

Le préfet a prononcé sur les sept auteurs de la sommation du 30 septembre ; deux ont été seulement rejetés, et ils n'ont pas réclamé contre le rejet de leur demande.

Point de preuve que les dix auteurs de la sommation du 12 novembre aient été trompés par le préfet pendant le mois d'octobre. Est-il bien certain que des productions antérieures ayant été jugées insuffisantes par des arrêts positifs, il fut permis d'admettre de nouvelles pièces après le 30 septembre? Cette question n'a été résolue ni par la commission, ni par le bureau ; mais ce qui tranche toute difficulté c'est que la sommation du 12 novembre, antérieure seulement de quatre jours aux élections, n'a été accompagnée ni suivie de la remise d'aucune pièce à la préfecture.

IV.

(N° 51.)

M. DE THOUVENEL.

J'aime mieux, Messieurs, m'exposer à rejeter un député en apparence légalement élu que de courir le risque, selon moi très-grave, a en admettre dont l'élection serait aussi douteuse qu'immorale; que risquons-nous d'ailleurs en prenant ce parti? Si le député rejeté est vraiment l'individu que le collége électoral voulait, il nous reviendra; dans le cas contraire il restera. Tant mieux; il n'était pas l'homme de la majorité. Si je me suis trompé dans mon vote, je me consolerai en pensant que les électeurs sont là tout prêts à réparer mon erreur, et qu'ils nous renverront celui que j'aurai cru devoir exclure; je serai, s'il nous revient, moi-même le premier à le complimenter sur sa nouvelle et non douteuse nomination. De son côté lui-même en sera plus satisfait et plus fier; et nous, Messieurs, très-contens d'avoir un collégue non équivoque qui puisse siéger à côté de nous, et surtout y siéger sans rougir!! (Des murmures s'élèvent, une longue agitation succède).

V.

(N° 77.)

M. Ravez.

M. Dufougeray doit-il être admis comme député de Saint-Malo? Telle est la question qui vous est actuellement soumise. Renvoyée comme toutes questions de cette nature à l'examen de l'un de vos bureaux, les opinions y ont été partagées, et le bureau vous déclare à la majorité de 16 contre 15 qu'il est d'avis de ne pas admettre M. Dufougeray. (Voix à gauche : Les quinze ne sont pas d'avis de l'admission.) Je ne dis pas qu'ils soient de cet avis, mais je dis que 16 contre 15 sont d'avis du rejet.

Sur quel motif s'est fondé le bureau pour adopter l'opinion du rejet? Son rapporteur vous a dit : Nous nous sommes convaincus que 14 électeurs n'avaient pas la capacité électorale, 11 parce qu'ils ne paient pas le cens, et 3 parce qu'ils n'avaient pas leur domicile dans le département où ils ont voté. On s'est borné là; nous avons sans doute délégué à nos bureaux la faculté d'examiner les questions qui naissent de la vérification des pouvoirs, mais nous ne leur avons pas délégué notre raison, notre conscience. C'est à nous en définitive à prononcer sur cette question. Il me paraissait naturel que le bureau voulût bien nous expliquer comment sa conviction s'était formée; sur quels motifs il se fondait pour ne pas reconnaître le domicile politique aux trois électeurs dont il s'agit. Vous avez vu qu'il y avait un tel dissentiment sur les faits, qu'un des orateurs qui m'ont précédé, ayant articulé un fait, M. le rapporteur s'est levé pour le contester. Nous ne pouvons donc pas savoir où est la vérité. Je n'accuse pas le bureau de l'avoir dissimulée; mais je me plains de ce qu'il ne nous a pas donné des renseignemens suffisans pour éclairer notre décision. Il faut convenir que dans l'état actuel des choses ce serait sur la foi du bureau, et non d'après notre conviction que nous nous déciderions.

VI.

N° 97.

M. DE CONY.

Lorsque dans l'État tout est calme et que les hommes de bien que séparent diverses nuances politiques briguent les suffrages dans les colléges électoraux, le pouvoir doit rester impassible; il doit surtout être étranger au mouvement des cotteries, et fuir cette atmosphère où s'agitent des passions diverses; il ne doit jamais prendre parti dans cette lutte des ambitions ou des rivalités; sa dignité lui en fait une loi, et sa dignité est une des conditions de sa puissance.

Dans une telle situation, le pouvoir aura accompli sa mission lorsqu'il aura apporté la plus franche et la plus entière loyauté dans tout ce qui a rapport à la formation et à la rectification des listes électorales.

Mais si d'autres circonstances se présentent; si à ce calme des esprits et à cette lutte des hommes de bien a succédé tout à coup le cri des passions, et des passions hostiles à la monarchie, le pouvoir alors doit montrer sa puissance, il doit la montrer, non dans l'ombre, ce serait indigne de sa haute mission, mais publiquement, mais à la face du ciel.

J'écarterai loin de vos souvenirs une supposition qui une fois cependant s'est réalisée dans nos fastes parlementaires. Vous le savez, Messieurs, un département entraîné par le cri des passions vint choisir pour un de ses mandataires un homme dont le nom se rattachait au plus exécrable attentat, à un crime dont toutes les puissances humaines n'effaceront jamais le souvenir et la honte.

Sans doute un phénomène aussi terrible qu'inexplicable ne se présentera plus une autre fois; aucun département de la France ne choisira pour mandataire un homme couvert du sang de son Roi, se présentant au milieu de nous, *et sa tête à la main demandant son salaire.*

Non, Messieurs, ce scandale ne sera plus donné à la France; s'il se présentait jamais, des cris d'indignation qui éclateraient parmi nous de toutes parts, apprendraient à l'Europe entière que la présence d'un régicide ne viendra jamais souiller nos bancs.

J'écarte donc cette supposition, l'honneur de la France m'en fait une loi.

Mais, Messieurs, ne peut-il point se présenter d'autres circonstances où l'action du pouvoir doit être puissante dans les colléges électoraux; permettez-moi ici une supposition qui peut-être ne sera pas sans quelque vraisemblance.

Si un homme qui aurait attaché à son nom la plus déplorable célébrité au milieu de nos discordes civiles était présenté pour être élu; si un tel candidat avait en d'autres temps demandé la proscription de milliers de Français, de prêtres, d'enfans, de femmes et de vieillards; s'il avait dans les saturnales du 18 fructidor appelé l'exil sur ses collégues et les eût envoyés mourir dans les déserts brûlans de Synnamary; si persistant dans ses sentimens de haine contre les Bourbons après tant de clémence, l'année 1815 l'eût retrouvé proscrivant pour la millième fois peut-être cette race auguste; je vous le demande, Messieurs, le pouvoir devrait-il rester spectateur impassible à la vue d'un tel scandale? car comment puis-je autrement l'appeler.

Je ne prétends point ici donner ni d'avertissemens ni de leçons au ministère : mais si j'avais l'honneur d'être préfet d'un département où une telle présentation eût lieu, conservant alors cette indépendance qui est le caractère de l'homme d'honneur, je n'aurais pas besoin d'instructions pour régler ma conduite. Voilà de quelle manière j'agirais : j'ouvrirais le *Moniteur*, je ferais imprimer à des milliers d'exemplaires les pages sanglantes où sont retracés les proscriptions et les votes du candidat de 1828, je les ferais placarder sur tous les murs de la ville, je les enverrais dans les villages et jusque dans les hameaux; je dirais à la population entière : Voilà les titres de l'homme qui se présente pour être le mandataire de la France. C'est à vous de juger s'il peut se présenter devant son Roi pour faire le serment de se conduire en bon et loyal député.

Mais ce n'est point assez, Messieurs, j'appellerais dans mon cabinet tous les fonctionnaires publics électeurs; je leur dirais : Un grand scandale se prépare; j'estime trop votre caractère pour penser que parmi vous il s'en trouve un seul qui puisse y prendre part; s'il en était un toutefois au milieu de vous, je lui demanderais à l'instant même sa démission. Les suffrages sont libres, sans doute : nul plus que moi ne respecte plus cette liberté; mais je crois aussi à la puissance des sermens qui lient à son Roi un fonctionnaire public; et c'est parce que je crois à cette puissance, que je réclame votre concours, et que je viens vous rappeler vos devoirs.

Voilà, Messieurs, quelle serait ma conduite : et lorsque j'aurais agi ainsi, je ne croirais avoir manqué ni à l'esprit, ni au texte de la charte; mais je croirais surtout avoir été fidèle à cette loi, qui n'est point écrite dans nos codes, mais qui est imprescriptible, et qui ne peut mourir dans un cœur français.

On a dit, Messieurs, à cette tribune, qu'en France la royauté n'avait plus d'ennemis. Puissent tant de vertus des enfans de saint Louis avoir désarmé de trop longues passions! Puissent l'attachement et l'amour pour les Bourbons être devenu le sentiment de tous ! C'est le vœu le plus ardent de mon cœur.

Nul plus que moi, Messieurs, n'éprouve un plus vif besoin de croire que le dévouement à la royauté légitime est devenu un sentiment universel dans cette noble patrie.

Ceux-là, Messieurs, nous calomnient, qui oseraient dire que l'obéissance à la charte est un devoir dont nous tentons de secouer le joug. Non, Messieurs, cela ne sera jamais : l'obéissance à la charte octroyée par le Roi nous est prescrite par nos sermens ; nous avons prouvé, et nous prouverons encore que des sermens ne sont point pour nous une vaine formule ; mais profondément convaincus que la royauté légitime est l'œuvre de salut de la France ; profondément convaincus que si elle disparaissait, tout serait perdu sans retour, et que nous serions jetés à travers une mer sans rivages : nous avons voué à cette royauté un culte que le malheur a rendu plus sacré encore. C'est sur les tombeaux de nos pères, que nous avons juré d'être fidèles aux Bourbons. Si, ce qu'à Dieu ne plaise (car nous en éloignons la pensée de nos vœux les plus ardens), si de nouvelles tempêtes venaient troubler le repos de la patrie, nous serions sous les armes pour défendre la légitimité ; nous ferions alors des bourres de fusil des pages que nous écrivons aujourd'hui. Sans doute la victoire serait à la royauté ; mais dussions-nous être vaincus, les échafauds de nos pères ne se relèveraient plus pour leurs enfans ; nous mourrions du moins les armes à la main.

VII.

(N° 110.)

LETTRE DE M. MOUSNIER-BUISSON.

Monsieur le Président,

Lorsque mon élection, précédemment sanctionnée par la chambre, devint à la séance du 5 de ce mois l'objet d'une attaque nouvelle et imprévue, j'appartenais à une commission dont j'ai cru ne pas devoir suspendre le travail en la rendant incomplète : cette commission vient de terminer l'examen qui lui était confié, et de faire choix du rapporteur qui doit être l'organe de son opinion.

Maintenant que ma tâche est remplie, sous le rapport des convenances et de mon devoir envers la chambre, il me reste à lui manifester ma première et ma seule détermination.

Les faits et les dénonciations, dont la tribune a retenti, s'adressaient à des tiers et à des absens : leur véracité comme leur exactitude me sont inconnues, et me demeureront, ainsi que leurs conséquences, constamment étrangères; mais il me suffit que ces faits et ces dénonciations aient été articulés avec l'intention de jeter un soupçon sur la légalité de mon élection, et peut-être quelque blâme sur mon admission, pour que j'en appelle au jugement de MM. les électeurs de mon département, et que ma délicatesse personnelle me prescrive de m'abstenir désormais des fonctions de député, dont la chambre m'avait jugé investi.

Je vous supplie, Monsieur le Président, de faire connaître et agréer ma démission à la chambre, et de la transmettre au ministère compétent.

Signé MOUSNIER-BUISSON.

VIII.

(N° 110.)

M. RAVEZ.

C'est avec un sentiment pénible que je monte à la tribune, pour défendre l'état politique d'un de nos collègues, état reconnu et sanctionné par une de vos délibérations. Puisque une fausse délicatesse, dont on semble lui avoir fait un devoir, lui a imposé l'obligation d'en appeler de nouveau à ceux qui l'avaient élu, nous avons le droit d'examiner si nous devons, pour la sécurité de nos délibérations, pour la dignité de la chambre, accueillir la demande qui nous est faite. (Bravos à droite... Rumeur à gauche.)

L'élection de M. Mousnier-Buisson avait été ajournée; on avait cru y entrevoir des difficultés. Le bureau, qui était chargé de cet examen, s'en occupa avec une extrême attention. Un rapport ultérieur fut fait à la chambre : toutes les difficultés y étaient levées; et, par une délibération expresse, l'élection fut reconnue valable. M. Mousnier-Buisson, admis comme député, en a exercé les fonctions, voilà le premier fait.

Quel est le second? Sur une pétition qui avait été présentée, on a soutenu que quelques électeurs, qui avaient concouru à la nomination, n'avaient pas les qualités nécessaires; il a même été dit à cette tribune que l'un de ces électeurs avait commis un faux, pour s'introduire dans le collége. Quant à ce fait, nous n'avons pas qualité pour l'examiner; le faux n'est pas établi, n'est pas même poursuivi; et articuler un faux, l'articuler contre un citoyen qui est présumé avoir usé d'un droit qui lui appartenait; fonder sur une imputation que rien n'a confirmée une accusation contre un de nos collègues, c'est au moins une légèreté.

Que ferons-nous donc aujourd'hui? M. Mousnier-Buisson a été sensible au reproche qui avait été adressé, non pas à lui, il était au-dessus de ce reproche, mais à un tiers qui lui était tout-à-fait étranger; dès-lors il ne fait donc pas une démission pure et simple. S'il s'était contenté de dire : « Je crois devoir renoncer aux fonctions de député, » et qu'il n'en eût pas dit les motifs, je m'abstiendrais de toute réclamation; mais ce n'est pas là son langage. Dans sa lettre, tout se rapporte à ce qui a été dit à la tribune; il ne donne sa dé-mission que pour se représenter aux électeurs qui l'ont nommé; ce n'est pas à la qualité de député qu'il renonce, c'est à une élection qui a été reconnue valable par une de vos délibérations, et que ce-pendant on attaque. Je crois que dans une pareille situation, la chambre se doit à elle-même, et doit à M. Mousnier-Buisson de ne pas agréer une démission ainsi motivée; l'agréer, ne serait-ce pas autoriser toutes les imputations, toutes les injures à l'aide desquelles, séduit par l'exemple, on viendrait à volonté décimer cette chambre?

Quand votre admission aura été prononcée, quand vous serez investis du titre de députés, si quelqu'un juge à propos d'alléguer un fait diffamatoire, on vous proposera l'exemple de M. Mousnier-Buisson pour vous renvoyer aux électeurs, chacun de vous craindra de ne pas imiter cet exemple; et dès-lors de qui dépend la compo-sition de la chambre? De ceux qui auront le plus d'injustice ou de hardiesse; de ceux qui ne craindront pas d'attaquer dans son état, dans son opinion, je ne dis pas seulement le député, mais même les électeurs qui auront concouru à sa nomination.

Jusqu'à présent, s'il y avait quelque chose de certain parmi nous, c'était l'irrévocabilité de vos délibérations; il est vrai qu'on n'attaque pas de front ce principe; mais c'est en le tournant qu'on veut le ren-verser : qu'importe le moyen, si le but est atteint. Après cela, aucun parmi vous ne peut se dire en jouissance paisible de son droit po-litique; votre élection peut être attaquée aujourd'hui, demain, dans huit jours; il n'y a pas de raison pour qu'on ne fasse contre vous ce qui a amené la résolution de M. Mousnier-Buisson.

M. Mousnier-Buisson, dit-on, sera réélu (voix à gauche : ce n'est pas sûr); ce n'est pas sûr, dites-vous; je crois en effet qu'il y aura des efforts pour empêcher cette réélection. Pour moi, je le déclare, les motifs qui ont amené la démission de M. Mousnier-Buisson se-raient à mes yeux un titre pour sa réélection; et c'est précisément pour cela, c'est parce que M. Mousnier-Buisson donne un exemple d'une grande délicatesse, mais d'une délicatesse exagérée, que la chambre ne doit pas accepter le sacrifice fait par lui; elle lui doit, elle se doit à elle-même de ne pas revenir sur sa délibération, et de ne pas accepter la démission qui lui est offerte.

IX.

(N° 110.)

M. BOURDEAU.

Oui, M. Mousnier-Buisson a fait un acte loyal, un acte honorable, en donnant sa démission, ayant été admis comme député par cette chambre. J'ai dû jusqu'à présent faire tout ce que j'ai fait. Maintenant je reviens aux sentimens d'affection pour mon ancien collègue.

Deux faux électeurs ont existé dans le département de la Haute-Vienne ; je crois en mon âme et conscience que c'est leur ouvrage ; il n'y a point eu, je dois en rendre ici le témoignage, de manœuvres pratiquées pour les introduire sciemment dans le collége. Je dois déclarer, dans mon opinion, que l'administration a été étrangère a leur introduction. En effet, *vous concevez très-bien que si l'admi-*
nistration eût eu besoin d'employer des électeurs incapables ; elle n'en
eût pas employé deux seulement ; c'est donc un effet de circons-tances particulières et uniquement relatives à ces électeurs ; il ne m'est pas démontré, bien que j'en aie peut-être l'opinion, que ces deux électeurs ont voté pour le candidat élu ; mais c'est une question qu'il ne m'appartient plus d'examiner, la démission de M. Mousnier-Buisson, on vous l'a dit, n'est pas pure et simple, elle est conditionnelle ; c'est au jugement de la chambre qu'il s'en réfère, en donnant sa dé-mission il a fait un acte de loyauté et d'honneur.

Je demande que si la démission est jugée conditionnelle, elle ne soit pas acceptée.

X.

(*Gazette de France,* N° 44.)

M. de La Bourdonnaie a détruit avec talent la doctrine de la sou-veraineté de la chambre professée par M. de Saint-Aulaire, il a fort bien prouvé que, du moment où la chambre des députés avait placé dans une loi résultant de l'accord des trois pouvoirs, les conditions électorales, elle ne pouvait plus être juge des questions qui s'y ratta-chent, puisque les tribunaux et le Conseil-d'Etat s'en trouvaient in-vestis.

S'élevant ensuite à des considérations plus hautes, il a prouvé que le maintien de l'administration était aussi un intérêt général.

« Qu'il me soit permis, a dit l'honorable député de la droite, d'entrer dans quelques considérations sur les inconvéniens du système dont on vous parle. Est-ce dans un moment où tous les liens de l'administration sont relâchés, où la faiblesse d'une administration formée récemment encore nous laisse dans une situation si difficile qu'il serait dans l'intérêt de la propriété et de ceux qui la représentent de venir ébranler les colonnes de la patrie et de rendre impossible toute espèce de gouvernement? Je n'en appelle pas seulement à la raison; j'en appelle à votre cœur, à votre amour pour votre pays; dites-moi s'il serait possible de mettre à exécution le système que je viens d'indiquer?

Depuis long-temps, Messieurs, les liens du gouvernement fondés par une main puissante et soutenues par une volonté énergique, se sont maintenus en dépit de tous les ministères qui se sont succédés. Placerez-vous ceux qui sont appelés à maintenir la tranquillité publique sous la dépendance, les livrerez-vous, pour ainsi dire, au mépris de la population? — Vouloir introduire un pareil état de choses ce serait ôter à la puissance royale le seul moyen d'exercer l'autorité, le seul moyen de maintenir en France l'ordre et la civilisation. »

Nous ne saurions trop applaudir aux sentimens qui ont dicté ces belles paroles. L'administration du Roi a besoin de quelqu'un qui la défende, et personne ne pouvait le faire avec plus de force et de talent que M. de La Bourdonnaie.

Si les personnes que ces questions semblent regarder plus particulièrement avaient voulu les traiter, il leur aurait été facile de repousser toutes les attaques par cette simple observation, que la loi donnant six semaines à tous les réclamans, et leur ouvrant la voie des tribunaux et du Conseil-d'État pour rectifier les erreurs, il n'y a plus après ces six semaines d'erreurs aux yeux de la loi; qu'en gardant le silence pendant ces six semaines sur de prétendues irrégularités dont on a fait tant de bruit après l'élection, les auteurs des dénonciations ont prouvé que si les noms de leurs amis étaient sortis de l'urne, toutes les accusations qu'ils ont élevées contre les préfets n'auraient jamais vu le jour. Il est très-remarquable qu'aucune erreur n'ait été signalée dans les élections des 130 libéraux, comme si les préfets avaient été infaillibles partout où le parti libéral a été le plus fort. . . . .

. . . .

L'administration du Roi doit exister indépendamment des hommes qui sont appelés à l'exercer. Cette administration est un des élémens essentiels du pouvoir royal. . . . .

Comment se fait-il que l'administration du Roi, si vivement attaquée, n'ait pas été défendue hier par les ministres du Roi.

XI.

(Gazette de France, N° 45.)

L'administration du Roi était attaquée dans son honneur, qui est toute sa vie ; on la dénonçait à l'opinion de la France comme ayant employé dans les élections des moyens frauduleux : — Quoique la fausseté de cette accusation fût devenue évidente par suite des vérifications faites dans les bureaux et par suite des vives discussions publiques qui ont eu lieu dans l'assemblée, quoique le ministre de l'intérieur fût mieux que personne en situation de rendre témoignage à la loyauté des préfets, puisque tous les moyens de vérification sont dans son département ; il a remis pour ainsi dire en question ce que la marche des débats avait décidé, en promettant que la *fraude*, *si elle avait été commise*, ne le serait plus à l'avenir.

La chambre a vu dans ce langage du ministère un aveu des torts imputés à l'administration ; MM. Dupin et Agier en ont fait la remarque, et aucune protestation ne s'est élevée des bancs des ministres contre cette interprétation.

La conduite que le ministère a tenue dans cette circonstance nous paraît aussi contraire à ses propres intérêts qu'elle l'est au bien du pays et au service du Roi. En accordant à l'opinion du côté gauche que des fraudes ont été commises, non-seulement il se met dans l'obligation de punir ceux qui ont commis ces fraudes, et qui punirait-il s'il n'y a pas de coupables ? mais encore il affaiblit la confiance qu'on doit avoir dans l'administration à venir ; il autorise toutes les précautions offensantes, tous les conseils injurieux à l'honneur des magistrats et des administrateurs qu'on ne manquera pas d'adresser aux administrés, tous les soupçons enfin qu'on élèvera contre les agens du ministère et contre le ministère lui-même ; car la révolution sait bien que c'est avec des soupçons qu'on détruit le pouvoir.

S'il était possible, en effet, que de hauts fonctionnaires comme des préfets, que des hommes qui ont obtenu une grande marque de la confiance du Roi descendissent aux moyens honteux qu'on leur impute s'il avait pu se trouver des ministres capables de prescrire un système de fraude et d'injustice, qui pourrait se confier aux fonctionnaires et aux magistrats ? Comment les ministres actuels pourraient-ils se soustraire à l'effet de ces défiances qu'ils auraient soulevées contre l'administration en général ? Comment pourraient-ils repousser les doutes injurieux qu'on ne manquera pas dans des cas semblables d'élever sur leurs intentions et leur caractère ; quelles garanties donneront-ils que n'aient pas données tous leurs prédécesseurs ? Croient-ils que la révolution attache une grande importance aux protestations de loyauté dont ils paraissent si prodigues. Ces protestations elle les explique dans son sens, car elle s'approprie tout ce qu'on lui donne.

Le jour où elle y verra autre chose que des concessions, le jour où le ministère refusera de réaliser les espérances coupables que ces concessions peuvent éveiller, toutes les accusations de fraude et d'injustice retomberont alors sur lui, et le langage de loyauté et de franchise qu'il emploie ne sera qu'une accusation de plus à sa charge ; car la révolution a des calomnies pour tous les ministères venus et à venir : avec le mot d'hypocrisie, elle peut rendre la vertu même aussi odieuse que le vice.

Quant au bon effet qu'auraient pu produire les doctrines de M. le ministre de l'intérieur sur les limites qui séparent les droits de la chambre de ceux de l'administration, nous pensons qu'elles sont tellement modifiées par ses explications qu'il n'en restera rien pour le pouvoir royal, et nous sommes confirmés dans cette opinion par les journaux de la révolution.

XII.

(*Gazette de France*, N° 172.)

Nous remarquons avec surprise que plusieurs incidens qui se sont passés dans la discussion de la loi électorale à la chambre des pairs sont omis dans le *Moniteur* ou tellement atténués que l'effet en est entièrement perdu pour le triomphe de la vérité.

Ainsi nous avons sous les yeux l'opinion prononcée par M. le marquis de Villefranche ; elle contient sur le résultat des dernières élections un passage frappant qu'il était du devoir du *Moniteur* de rapporter :

« J'ai voulu apprécier à leur juste valeur toutes les allégations contre » ce qu'on a appelé les fraudes électorales; d'après les documens que » je me suis procurés, voilà un résultat que je crois vrai, en ce qui » concerne les élections.

» Sur quatre cent trente élections, combien ont été annulées par » l'autre chambre? Neuf, savoir : cinq dans le département des Vosges » pour distribution des électeurs en quatre colléges, d'après l'insuffi- » sance de leur nombre pour nécessiter la division du collége électo- » ral; une en Corse pour l'élection d'un candidat n'ayant pas l'âge; » une dans Saône-et-Loire pour l'élection d'un candidat ne payant » pas mille francs d'impôt; une dans les Deux-Sèvres pour élection » de plus de députés domiciliés hors du département que ne le per- » met la Charte; enfin, une dans Ille-et-Vilaine, tant pour difficultés » élevées sur la constitution du bureau définitif que pour réclama- » tions sur la formation de la liste. »

M. de Toqueville, qui a parlé en faveur de la loi, a rendu à l'ancienne administration un éclatant hommage; il a dit que, pendant les six années du dernier ministère, les instructions envoyées aux préfets pour les élections, n'avaient présenté aucun ordre, aucune insinuation qui fût contraire aux principes de loyauté et d'ordre légal.

XIII.

(Moniteur, N° 86.)

Discours du ministre de l'intérieur.

La nécessité d'une loi sur cette matière est généralement sentie, et son importance n'a pas besoin d'être expliquée.

La Charte a fait connaître à quelle condition tout citoyen peut et doit être appelé à jouir du droit d'élire. La législation a désigné les citoyens qui doivent composer la liste du jury. *Nul autre que ceux qui remplissent les conditions prescrites ne doit participer à l'exercice de ce droit ou à l'accomplissement de cette charge ; mais aucun de ceux que la Charte ou les lois désignent ne peut en être privé ou dispensé. . . . .*

. *Toutefois, l'expérience* n'a pas tardé à faire reconnaître *que ces précautions étaient incomplètes,* que les délais indiqués étaient insuffisans, *que les mesures prises pour assurer la répression des fraudes* ou la réparation des erreurs *manquaient d'efficacité ;* que les droits divers n'étaient pas assez clairement définis ; que l'importante division des juridictions offrait de graves embarras et de fâcheuses incertitudes, et que les questions du domicile des fonctionnaires pouvaient donner lieu à de fréquentes difficultés.

Ce sont, Messieurs, ces inconvéniens graves que les dernières élections ont signalés à l'opinion publique, et révélés à la sollicitude du gouvernement. Les débats qui ont marqué l'ouverture de cette session ont achevé de l'éclairer sur le besoin pressant d'en prévenir le retour en donnant à cette partie de notre législation plus de force et plus de clarté.

(Voir le discours de M. Duplessis de Grenedan, N° 123, sur la loi relative à la révision des listes électorales ; et celui prononcé le 1er juin à la chambre des pairs, par M. le marquis Forbin-Desissarts.)

XIV.

(Supplément au N°. 151 du Moniteur).

Discours de M. de Cony.

1. Nous l'avouerons, nous ne voyons pas sans quelque effroi les dispositions de l'article 1er de la loi. De graves dangers nous semblent attachés à cette faculté illimitée d'établir des journaux ; les peines

que prononcent les articles suivans du projet ne seraient-elles pas facilement éludées par cette faculté donnée à tous d'établir un journal?

C'est dans cette considération puisée dans un si grave motif que nous redoutons cette concession, et que nous pensons que la couronne devrait conserver le droit d'autoriser l'émission des journaux : ce droit est inhérent à l'autorité royale, et l'abandon qu'elle en ferait en ouvrant un champ sans limites, pourrait ne point être sans dangers pour l'ordre, sans lequel la liberté n'est plus qu'un vain nom.

XV.

(N°. 157).

DISCOURS DE M. DE MONTBEL.

En reconnaissant comme un droit l'existence des journaux déjà établis, il ne voulut pas (le législateur de 1822) qu'on pût en créer de nouveaux sans l'autorisation royale ; en confiant aux tribunaux le jugement des questions de tendance des feuilles périodiques, il voulut remédier à la facilité que la malveillance avait eue jusqu'alors à se soustraire à la précision des délits. Il prévit enfin que des circonstances graves pouvaient nécessiter momentanément d'imposer silence aux passions, ou du moins à leurs dangereux organes. Telles furent les idées qui prédominèrent dans la loi de 1822. Ses dispositions ont-elles produit l'effet qu'on devait en attendre? Et si elles n'ont point remédié au mal, est-ce aux dispositions qu'il faut s'en prendre, ou à leur inexécution?

Je ne saurais concevoir que le ministère ait à craindre l'existence de ce monopole. Si l'action trop forte des journaux résulte de leur petit nombre, le gouvernement n'a-t-il pas le pouvoir de les multiplier à son gré, en usant du droit illimité d'accorder de nouvelles autorisations? On croit que la concurrence pourra ôter aux journaux établis une influence funeste, mais toute concurrence force le spéculateur à rendre les produits de son industrie plus nombreux, moins chers, plus analogues au goût des consommateurs. Dès lors les journaux augmentant en nombre, à proportion qu'ils diminueront de prix, iront jusques dans les classes les plus humbles de la société, créer l'agitation là où régnait l'ordre et la paix. Dès lors les journaux devront tendre à s'emparer de tous les moyens de captiver l'attention, d'exciter au plus haut point l'intérêt de leurs lecteurs; et une funeste expérience nous a prouvé que celui qui pousse le plus loin le scandale qui soulève les passions les plus haineuses, les plus désordonnées, est celui qui fixe, sinon l'estime, du moins la curiosité publique, et que faut-il davantage à sa prospérité? Si la concurrence enlève leur importance aux journaux de l'opposition actuelle, ce sera pour la donner à des feuilles incendiaires; ou bien elle forcera ces journaux à se jeter dans les plus dangereuses exagérations pour ne pas perdre leurs avantages en se laissant dépasser dans leurs attaques.

Les dispositions du projet n'empêcheront pas une feuille suspendue de reparaître immédiatement soutenue par un parti qui ne craindra pas quelques sacrifices pécuniaires. On n'hésite jamais à exposer de l'argent quand il s'agit de grandes chances politiques, ou de bénéfices considérables......

Les articles de journaux seraient désormais jugés sur des délits précisés. Mais en précisant les délits, n'êtes-vous pas sûr d'avance que l'écrivain saura, en se rendant coupable, se mettre entièrement à l'abri de vos poursuites? Ne comptez-vous plus pour rien la flexibilité du langage, les ressources de l'art d'écrire? Ne savez-vous pas qu'on donne à l'ironie le masque de la naïveté, au sarcasme l'apparence de l'éloge? que dans une allégorie un rapprochement, un mot équivoque, on trouve le trait acéré qui porte le coup mortel? qu'on s'arme quelquefois avec avantage d'une réticence perfide; que nuisible parce qu'on cite, on nuit quelquefois davantage parce qu'on supprime dans la citation?

Comptez-vous pour rien les ressources que l'écrivain saura trouver dans son esprit et sa malignité, comme dans l'intelligence, et les passions de ses lecteurs? Pensez-vous que nouveaux procrustes, les journalistes tourmenteront leur pensée pour la faire entrer exactement dans les dimensions précises du cadre fixé par la loi; qu'ils ne sauront pas au contraire se placer sans cesse à côté du délit sans jamais rentrer dans sa précision; que s'il peut être dangereux de porter un coup trop violent, ils ne sauront pas obtenir le même résultat par des coups redoublés? Croyez-vous que la loi aura tout prévu? Quand on songeait à préciser les délits de la presse, les journalistes disaient : « Vous voulez fixer des limites à la pensée, nous ne transgresserons pas les bornes que vous allez placer, mais en fournissant notre carrière nous les raserons de si près que nous en ferons jaillir du feu. » Et quand ce feu aura embrasé la société, quand à ses funestes lueurs nous mesurerons l'abîme creusé sous nos pas, l'incendiaire s'applaudissant du mal qu'il aura causé sans courir aucun risque, se rira d'une législation qui lui aura assuré imprudemment le moyen d'échapper à une vaine pénalité.

Si les événemens prenaient un caractère de gravité qu'on peut toujours prévoir quand on ne répudie pas les terribles exemples du passé, la loi avait réservé au pouvoir une dernière ressource, la censure facultative. Je ne pense pas que ce moyen puisse être légèrement employé, il offre dans son exécution des dangers réels qu'on ne peut dissimuler; mais en signalant ses inconvéniens incontestables, on ne peut s'empêcher de reconnaître qu'il peut se présenter des dangers si flagrans pour la société, que son existence compromise ait besoin d'un prompt secours , d'un remède instantané qu'on ne saurait ajourner sans des conséquences mortelles. Ce moyen, la loi qui nous régit, le donnait dans la faculté transitoire d'imposer la censure à la licence des journaux. Mais, dit-on, la censure est désormais inutile, c'est une arme rouillée. Est-ce une raison pour la rejeter loin de vous! dans un danger pressant une arme rouillée maniée par un bras vigoureux pourrait encore sauver la monarchie.

N'oublions pas quelles circonstances amenèrent en 1820 la suspension de la liberté des journaux et nécessitèrent les précautions de la loi de 1822. Dira-t-on que dans l'état actuel de la société il ne peut plus exister de circonstances graves; que désormais l'amour des peuples suffira pour mettre à l'abri de toute atteinte les libertés et le trône; que les écrivains périodiques, organes de la vérité, ne chercheront plus à égarer l'opinion publique, en adressant des appels multipliés aux passions?.... Naguère nous avons signalé avec horreur des journaux qui, en répandant le poison de l'outrage et de la calomnie sur le nom révéré de nos rois, ont osé parler des périls qui pourraient envelopper la famille royale, et indiquer les exceptions que peut-être on pourrait tolérer!.... Nous ne pouvons lire l'avenir que dans les événemens présens combinés avec les leçons du passé, et si nous trouvons dans de terribles souvenirs des présages funestes, ne nous reprochez pas l'hypocrisie de la peur. Il ne serait pas même digne de notre caractère national de supposer même l'hypocrisie du courage. Ce n'est pas en France que la peur a des autels et peut faire des hypocrites. Quelquefois on ferme les yeux pour éviter d'apercevoir des périls qu'on craint d'affronter. Celui qui veut remplir ses devoirs, envisage ces périls avec sang froid, les signale avec franchise, lorsqu'il en est temps encore, et fait tous ses efforts pour conjurer l'orage. Mais quand vient le moment de la tempête, alors il laisse aux faibles à mesurer le danger, il résiste avec constance; c'est à sa fermeté qu'il confie sa fortune, et s'il succombe, du moins ce n'est pas sans honneur.

(Voir le discours de M. Duplessis de Grenedan, N° 173.)

XVI.

(N° 169 du Moniteur.)

Rapport au Roi.

Dans de telles conjonctures, on ne pouvait sans compromettre le sort de l'Église de France s'en tenir à l'usage qui avait été généralement suivi autrefois de ne commencer l'éducation ecclésiastique des élèves du sanctuaire qu'au moment où ils se présentaient dans les séminaires après avoir terminé leurs études classiques dans les collèges. *Il était facile de prévoir que dans l'état actuel des choses, s'il n'y avait que les écoles ordinaires pour cultiver les dispositions naissantes des jeunes lévites, la plupart des vocations devant se trouver comme étouffées dans leur germe, c'en était fait de la tribu sainte, et par conséquent de la religion catholique dans le royaume très-chrétien*

XVII.

(N° 173 *id.*)

RAPPORT DE LA COMMISSION.

En résumé, l'association des prêtres, suivant la règle de saint Ignace, paraît, aux yeux de la minorité, constituer une congrégation qui est formée sans autorisation régulière.

La direction et l'enseignement des écoles ecclésiastiques confiés à des membres de cette congrégation paraissent à la minorité contraires aux dispositions légales.

Les cinq autres suffrages ont, au contraire, admis la résolution ainsi qu'il suit :

Si, d'un côté, il paraît résulter de quelques discours prononcés l'année dernière dans les deux chambres par M. le ministre des affaires ecclésiastiques, de la correspondance des préfets, et des rapports faits par les recteurs des différentes académies, qu'il existe huit petits séminaires dont la direction est confiée à des ecclésiastiques appartenant à une congrégation religieuse non autorisée; de l'autre il est constant, par la déclaration des évêques, que la direction de ces établissemens n'est confiée qu'à des individus choisis par eux, placés sous leur autorité, surveillance et juridiction spirituelle, et même sous leur administration temporelle; que ces individus révocables à la volonté des évêques ne se distinguent des autres ecclésiastiques de leur diocèse par aucun signe extérieur, ni par aucune dénomination particulière, bien qu'ils suivent pour leur régime intérieur la règle de saint Ignace.

Attendu qu'en vertu de l'ordonnance réglementaire du 5 oct. 1814, faisant jurisprudence sur la matière, la direction des écoles ecclésiastiques et la nomination des directeurs appartiennent aux évêques.

Que les évêques dont il s'agit déclarent que les prêtres auxquels ils ont confié la direction et l'enseignement de leurs petits séminaires sont choisis par eux, qu'ils sont soumis comme tous les autres prêtres de leur diocèse à leur autorité et juridiction spirituelle et à leur administration temporelle.

Qu'il résulte de cette déclaration que ce n'est pas à une corporation, mais à des individus révocables à la volonté des évêques, que la direction de leurs écoles ecclésiastiques est confiée.

Considérant qu'il n'est pas possible de saisir légalement à ces caractères l'existence d'une corporation religieuse chargée de la direction et de l'enseignement dans les écoles ecclésiastiques, et que les individus eux-mêmes qui sont employés dans ces écoles ne seraient pas à ces seuls caractères saisissables par la loi, comme faisant partie d'une congrégation non autorisée par elle.

Que sous le régime de la Charte, de la liberté civile et religieuse qu'elle a consacrée et qu'elle proclame, il n'est permis à personne de scruter le for intérieur de chacun pour rechercher les motifs de sa conduite religieuse, des règles et des pratiques auxquelles il se soumet, du moment que ces pratiques et cette conduite ne se manifestent par aucun signe extérieur et contraire à l'ordre et aux lois; qu'autrement ce serait se permettre une inquisition et une persécution que nos institutions réprouvent.

Considérant enfin que, n'ayant d'autre moyen de connaître les faits sur lesquels elle est appelée à prononcer que par les renseignemens officiels qui lui ont été transmis.

La majorité de la commission s'en référant aux déclarations faites par les évêques, estime que la direction des écoles secondaires ecclésiastiques donnée par les archevêques de Bordeaux et d'Aix, par les évêques d'Amiens, de Vannes, de Clermont, de Saint-Claude, de Digne et de Poitiers, à des prêtres révocables à leur volonté, soumis en tout à leur autorité et juridiction spirituelle, et même à leur administration temporelle, bien que ces prêtres suivent, pour leur régime intérieur, la règle de saint Ignace, n'est pas contraire aux lois du royaume.

XVIII.

(*Moniteur*, N° 175.)

MONSIEUR DE CONY.

Si maintenant nous examinons sans prévention le véritable caractère des maisons d'éducation que dirigent les jésuites, nous trouvons que ce sont des petits séminaires tels que ceux qui, avec l'autorisation du Roi, subsistent dans les divers diocèses du royaume; ils ont le même caractère légal, la même dépendance des évêques, l'enseignement de la même doctrine; parmi les élèves qui entrent dans ces maisons, incertains sur le parti qu'ils doivent prendre, les uns se décident pour les ordres sacrés, d'autres embrassent les divers états de la société; mais un fait domine cette question : des milliers de familles françaises ont confié ce qu'elles ont de plus cher au monde, leurs enfans, à ces institutions. Sans doute pour remplir ce devoir sacré, ces familles ont consulté autre chose que les vaines terreurs d'une imagination préoccupée, des préventions surannées, ou des haines de parti; elles ont confié leurs enfans à ces établissemens sur la foi de la liberté religieuse consacrée par la Charte; par la Charte qui permet une institution de juifs et en permettrait une de mahométans; elles l'ont faite sur la foi d'une permission semblable accordée à ces mêmes institutions dans tous les États catholiques et dans les Etats protestans : en Angleterre comme en Russie, aux Etats-Unis; et c'est contre tant de garanties de sécurité, au mépris de tant de sentimens d'affection et d'intérêts sacrés que l'on viendrait vous proposer des mesures de destruction. . . . .

Ce sont les actes, Messieurs, qu'il faut invoquer pour démontrer de telles assertions; les actes ne peuvent rester long-temps en France enveloppés dans l'ombre du mystère; c'est depuis plus d'un jour que les jésuites ont recommencé à se livrer à l'enseignement en France, lorsqu'après la tempête qui avait tout dispersé, le calme reparut enfin, et qu'à la voix d'un homme puissant, les factions furent enchaînées, ainsi que tous les prêtres proscrits, l'amour du pays ramena les jésuites vers la terre natale; ils revirent la France où les traditions qu'ils avaient laissées dans l'enseignement étaient vivantes encore; d'anciennes préventions étaient éteintes; le malheur avait porté les esprits vers les pensées graves et les doctrines religieuses, une foule de familles leur confièrent leurs enfans; le Consul dans toute sa puissance respecta leur libre enseignement. Depuis cette longue période, des milliers d'élèves sont sortis de leurs écoles, interrogez-les? Vous les trouverez partout, dans la magistrature, dans l'armée; prêtres, soldats, citoyens ou magistrats, tous sont fidèles à Dieu, tous sont fidèles à leur Roi, tous chérissent nos libertés, et ils ont appris que ces libertés nous les devions aux Bourbons.

Lorsque ces élèves sortent de leurs colléges, ils sont, nous l'avouerons, étrangement surpris d'entendre ce torrent d'injures qui chaque jour s'élèvent contre ceux qui furent leurs maîtres; ils en éprouvent une vive indignation, car ces maîtres sont restés leurs amis; ils les aiment autant qu'ils les respectent. . . . . . .

Eh bien! j'adjure les ministres du Roi de choisir de ce côté de la chambre (en montrant le côté gauche) les commissaires qui seront chargés de cette mission; je les supplie de donner la préférence à ceux qui viendront à cette tribune attaquer avec le plus de véhémence les jésuites et leurs établissemens. Qu'ils soient juges, j'y consens; je ne demande qu'une seule condition, c'est qu'ils se rendront eux-mêmes dans ces maisons contre lesquelles s'élèvent tant de cris accusateurs, c'est qu'ils verront tout de leurs propres yeux, c'est qu'ils connaîtront tout. Oui, Messieurs, qu'ils cherchent la vérité, qu'ils interrogent pour la connaître, ces milliers d'élèves nés dans tous les rangs de la société, qui accourent de toutes les parties de la France recevoir dans ces maisons une instruction chrétienne et monarchique; ils en trouveront sans doute plus d'un dont les familles adversaires des jésuites vinrent elles-mêmes les confier à ces prêtres;

qu'ils les interrogent tous : ils sont dans l'âge heureux où l'on ne sait point feindre ; vos commissaires apprendront la vérité toute entière : qu'ils soient juges, je me soumets à leur décision.

(Voir sur le même sujet et dans la même séance le discours de M. de Montbel et celui de M. de Sainte-Marie.)

CHAMBRE DES PAIRS.

OPINION DE M. LE MARQUIS DE VILLEFRANCHE,

Sur le budjet de 1819.

On voit le ministère dénoncer aux tribunaux un journal que l'opinion royaliste regarde comme un de ses plus fidèles organes. . . . . ce serait une manière indirecte dont se servirait le ministère pour faire la censure des opinions émises par la minorité des deux chambres. . . . . . ce sont nos opinions que l'on a déférées aux tribunaux dans le résumé de la *Gazette de France.* . . . . .

Relevé de quelques articles de la Gazette de France.

Discours de M. de Curzay, défense de l'administration. Févr. N° 47.
Discours de M. de Basthoul, sur le projet d'adresse. Mars, N° 68.
Discours de M. de Montbel, sur le projet de loi relatif à la presse périodique. Juin, N° 153.
Discours de M. le ministre de l'intérieur, sur le même sujet. N° 157.
Discours de M. de Marcelles, sur la loi électorale. Juin, N° 171.
Discours de M. de Castel-Bajac, sur le même sujet, N°s 172 et 176.
Discours de M. Leclerc de Beaulieu, sur les ordonnances, N° 191.
Discours de M. de Saint-Roman, sur le projet relatif à l'interprétation des lois. Juillet. N° 200.
Discours de M. Duplessis de Grenedan, sur les ordonnances, N° 214.
Discours de M. de Rougé, sur le projet de loi relatif aux 1,200.000 fr. demandés pour les écoles secondaires ecclésiastiques. N° 240.
Discours de M. Humbert de Sesmaisons, sur le même sujet. N° 241.
Sur la guerre de Morée, lire dans le numéro du 7 août l'article intitulé : *Matériaux pour la défense de la* Gazette de France.

JUGEMENT (1).

Une foule considérable assiégeait dès le matin l'enceinte étroite du tribunal de police correctionnelle. L'audience entière a été consacrée aux débats de la prévention d'excitation à la haine et au mépris du gouvernement du Roi, portée contre l'éditeur responsable de la *Gazette de France*. Après les questions d'usage adressées au prévenu, la parole est donnée à M. Champanhet, avocat du Roi, qui s'exprime en ces termes :

Messieurs,

Un arrêt de la Cour royale de Paris renvoie devant vous l'éditeur responsable de la *Gazette de France*, sous la double prévention d'avoir *excité à la haine et au mépris* du gouvernement du Roi, en insérant dans les numéros 218 et 219 de ce journal, aux dates des 5 et 6 août dernier, l'article intitulé : *Session de 1828*. Cet article est ainsi conçu. (Voir aux Pièces justificatives, N° I.)

Avant d'entrer dans l'examen très-concis que nous proposons de faire de l'article incriminé pour établir la prévention dont il est l'objet, qu'il nous soit permis de poser quelques principes que la sagesse et l'expérience d'un peuple voisin notre devancier, et, disons-le, notre modèle sous plusieurs rapports, lui a fait considérer comme fondamentaux dans la théorie, encore jeune chez nous, de la législation de la presse.

« La liberté de la presse, dit Blackstone (*Public Wrongs*, chap. IV, » § 152), dont l'autorité ne saurait être méconnue en cette matière » comme en beaucoup d'autres, la liberté de la presse est, sans con- » tredit, essentielle à la nature d'un état libre. Chaque citoyen a le » droit imprescriptible de publier ses pensées ; mais s'il publie des » opinions inconsidérées, illégales ou préjudiciables, il doit supporter » la conséquence de sa témérité. »

Dans ce droit de publier sa pensée se trouve nécessairement compris l'examen des affaires publiques et du mode d'administration ; ainsi le raisonnement dont cet examen est le sujet n'est pas en lui-même inconsidéré, illégal ou préjudiciable, il ne le devient que par la forme d'expressions.

Ces principes ont été adoptés chez nous, et notre législation l'a consacré, en proclamant dans l'article 4 de la loi du 25 mars 1822, le droit de discussion et de censure des actes des ministres.

---

(1) Voir la *Quotidienne*, jeudi 13 novembre 1828, N° 316.

Mais, nous dira-t-on sans doute, que fait autre chose l'article du journal incriminé que discuter, censurer les actes des ministres pendant la session législative de 1828? Et d'ailleurs c'est par une fausse interprétation qu'on applique aux ministres la prohibition du § 1er de l'article 4 de la loi du 25 mars. Le gouvernement du Roi que cette disposition a en vue, n'est pas le ministère, car si on l'entendait ainsi, il y aurait contradiction dans la loi même; en effet on ne conçoit pas comment après avoir frappé de réprobation toute publication de la pensée qui aurait pour effet d'appeler le mépris ou l'aversion sur des actes émanés du ministère, désigné par la qualification du *gouvernement du Roi*, la loi permettrait, quelques lignes plus bas, la discussion et même la censure de ces mêmes actes. Or, qui dit *discussion*, qui dit surtout *censure*, entend tout ce que comporte une discussion, une censure, si vive que soit l'une, si rude, si amère que soit l'autre.

Répondons à cet argument par cette opinion d'un jurisconsulte anglais qui, plus rapproché de nos jours que Blackstone, a pardessus lui l'avantage d'être venu après une plus longue application de la législation de la presse, et des précédens plus nombreux et plus uniformes :

« Puisque dans le sens légal, dit Starkie, les affaires publiques sont
» dirigées par le Roi, les reproches *offensans* adressés à l'adminis-
» tration qu'il a choisie, ou l'injure faite à la *capacité* de ceux qui
» jouissent de sa confiance immédiate, sont considérés légalement
» comme outrageans pour la *personne* même du monarque. »

Nous n'irons pas si loin que nos voisins, nous ne dirons pas que les injures et les offenses faites par la voie de la presse aux membres de l'administration choisis par le Roi puissent être considérées comme faites au souverain lui-même. Nos lois, sur ce point comme sur d'autres plus favorables aux libertés publiques que la législation anglaise, ont pris soin de distinguer entre ces deux natures de torts; et la criminalité de l'un n'est point confondue avec celle de l'autre.

Mais il en doit résulter ceci de certain, c'est que le gouvernement d'un souverain est l'administration qu'il s'est choisie; car quel autre sens donnera-t-on au mot *gouvernement du Roi* dans le texte de loi qui motive la prévention? Sera-ce par opposition au gouvernement républicain *fédératif?* Sera-ce une assimilation des mots : *gouverne-ment du Roi?* mais les offenses envers le gouvernement pris dans le sens de la monarchie et de la dynastie, et par opposition à tout autre sorte de gouvernement, sont prévues, définies par d'autres textes de lois.

Disons-le donc, le gouvernement du Roi, c'est l'administration de son choix.

Cela posé, il reste à examiner si la pensée incriminée tombe dans la prohibition du § Ier de l'art. 4 de la loi du 25 mars, ou si elle rentre dans l'exception, dans la réserve du § II, et ceci nous conduit à la justification de la prévention.

Elle a déjà pour elle, Messieurs, l'autorité d'un arrêt rendu sur une première décision contraire, et cette autorité en est d'autant plus grande, parce qu'elle suppose un examen plus attentif, une plus mûre délibération ; elle l'est surtout quand on pense qu'elle est émanée d'une cour qu'ont signalée dans les derniers temps tant de nobles et indépendantes décisions.

Mais malgré l'appui que nous trouvons dans cet arrêt, égide véritable contre les clameurs et les plaintes intéressées ou passionnées de ces gens si empressés d'appeler réaction ou persécution les actes les plus légaux d'une autorité amie de la modération, mais non moins amie de l'ordre. Il est de notre devoir d'entrer dans l'examen de la prévention, et d'en établir la juste cause.

Peu de mots nous suffiront :

L'article incriminé contient-il une discussion, une censure des actes de l'administration du Roi, ou bien par le fond des choses et par la forme de l'expression a-t-il l'effet de déverser le mépris du public sur ses actes et d'exciter sa haine contre ceux qui en sont responsables, dans notre système de gouvernement, contre les ministres du roi. Telle est toute la question.

Qu'un pamphlet, qu'un article de journal émané des rangs de l'opposition, critique, attaque les actes de l'administration par le raisonnement, en faisant ressortir les fâcheux effets qu'ils peuvent avoir pour la chose publique ; que la dialectique la plus pressante et la plus animée soit mise à contribution, que les traits d'une raillerie qui est dans nos mœurs soient employés pour prouver et combattre l'erreur ou l'inhabilité, c'est là une hostilité légale que nous entendons : notre système de gouvernement l'admet ; bien plus, il la nécessite. Mais si au lieu de ces élémens d'une discussion qui peut être grave ou badine, l'invective, l'injure, la diffamation remplacent sous la plume de l'écrivain la raison et la vérité, il n'y aura plus dans son écrit, discussion ni censure, mais *libelle*.

Or, dans l'article du journal dont nous vous demandons la répression, est-on dans les termes de la censure et de la discussion légale, quand on impute formellement aux ministres d'*avoir provoqué, par la bouche même du Roi* (dans le discours de la couronne), *des lois avec lesquelles l'autorité royale devait être anéantie.*

Quand plus bas on l'accuse d'avoir frappé *un impôt extraordinaire pour commencer, par une expédition militaire* (celle de la Morée), *dans l'intérêt de la révolution, l'œuvre complémentaire de la spoliation du monarque en pervertissant l'esprit de l'armée ?*

Les termes sont clairs, le sens non équivoque. Il est évident que si ces imputations sont fondées, les ministres du Roi sont des traîtres qui lui conseillent des lois destructives de son autorité et l'entraînent à sa ruine en pervertissant l'esprit de l'armée, conduite à une expédition qui, conçue dans l'intérêt de la révolution, doit y rattacher le soldat en l'éloignant du monarque.

Et cependant ces lois réputées destructives de l'autorité royale sont celles qui, adoptées par les chambres et sanctionnées par le Roi, ont été accueillies par l'opinion publique.

Cette expédition militaire qu'on veut flétrir du nom de révolutionnaire est l'exécution d'un traité dont l'humanité et la religion ne peuvent que s'applaudir; d'un traité conclu avec deux puissances dont les drapeaux flottent en ce moment avec les nôtres sur les créneaux des villes chrétiennes de la Grèce arrachées au joug des infidèles.

Assurément ce n'est là ni discuter, ni censurer, c'est diffamer; car c'est imputer des faits qui, s'ils étaient vrais, seraient de grands crimes; c'est appeler à la fois sur la tête de ceux à qui on suppose une telle perversité la haine et le mépris public.

Et que dirons-nous de cet autre paragraphe, le dernier de tous, où, pour compléter la pensée qui précède, on déclare; *que pour peu que le ministère persiste dans la même voie il restera peu à faire dans la prochaine session pour consacrer le rétablissement de la république, et l'érection des autels de la déesse Raison.*

Rien encore de plus clair. L'autorité du Roi, dit le journaliste, ainsi anéantie, au moyen des lois proposées par ses ministres, son armée *révolutionisée*, passez-nous l'expression, elle est *du temps* et rend la chose, ils pourront avant peu rétablir la république et détruire la religion, si mieux ils n'aiment le faire tout de suite, tel est leur but, tels sont leurs moyens.

En un mot, et sans qu'il soit besoin d'autre explication, suivant nous, le délit est, comme le veut la législation anglaise, en matière de libelle, *apparent et sensible*, dans les termes comme dans la pensée; en effet, l'article qui vous est déféré a, dans son ensemble et surtout dans les détails que nous venons de vous signaler, un caractère d'animosité qui ne peut échapper à personne. Ne serait-ce pas le langage du ressentiment qui s'est fait entendre? Ne sont-ce pas des ambitions déçues, des intérêts froissés, qui parlent et crient avec tant de violence? Nous laissons à d'autres le soin de répondre, mais quant à nous, nous ne pouvons voir l'expression d'une opposition légale, et par conséquent juste et mesurée, dans des imputations odieuses, dont le but évident est d'attirer la haine et le mépris sur ceux qui en sont l'objet.

Nous estimons donc qu'Aubry est suffisamment convaincu d'avoir, par l'insertion de l'article dont il s'agit dans le journal intitulé la *Gazette de France*, dont il est éditeur responsable, excité à la haine et au mépris du gouvernement du Roi, délit prévu par les art. 1er de la loi du 17 mai 1819 et 4 de la loi du 25 mars 1822, et en conséquence, nous requérons qu'il lui soit fait application de la peine.

M. Hennequin, avocat de la *Gazette de France*, a la parole : il établit en principe que le gouvernement du Roi, ce n'est pas le ministère; puis il se livre à l'examen des divers paragraphes de l'article incriminé, et combat la prévention dans toutes ses parties.

Après les répliques de M. l'avocat du Roi et de M. Hennequin, le tribunal se retire dans la chambre du conseil pour en délibérer.

Un quart d'heure après, le tribunal rentre en séance, et M. le président prononce le jugement suivant :

« Attendu que le droit de censurer les actes du ministère est de l'essence du gouvernement qui nous régit;

» Attendu que si l'article incriminé est conçu dans des termes peu mesurés, il ne présente cependant pas le caractère du délit réprimé par les articles 1ᵉʳ de la loi du 17 mai 1819 (1) et 4 de la loi du 25 mars 1822;

» Le tribunal renvoie Aubry de l'action intentée contre lui, fait main-levée de la saisie des numéros des 5 et 6 août dernier, et ordonne la restitution des exemplaires saisis. »

Des applaudissemens se font entendre et sont sévèrement réprimés par M. le président, qui rappelle que toutes marques d'approbation et d'improbation sont défendues devant les tribunaux.

---

(1) L'article 1ᵉʳ de la loi du 17 mai 1819 porte « que quiconque aura, par » la voie de la presse, provoqué l'auteur ou les auteurs de toute action qualifiée » crime ou délit à la commettre sera complice et puni comme tel. » Le défenseur de la *Gazette de France* a prouvé que censurer les actes des ministres ce n'est pas commettre une action qualifiée crime ou délit, et par cela même il a virtuellement répondu à cet article cité par le ministère public et rappelé dans le jugement.

FIN.

ERRATA.

Page 2, ligne 16, c'est avoir peut-être justifié; lisez : c'est avoir peut être *déjà* justifié.

Page 6, ligne 14, la loi du 5 novembre 18.15; lisez : la loi du 9 novembre 1815.

Page 7, lig. 11, des actes du ministère; lisez : des actes *des ministres.*

Page 11, ligne 3, les sentences de mort de ses frères, lisez : *la sentence* de mort de ses frères.

Page 19, ligne 27, condition nécessaire irritantes, lisez : condition nécessaire, irritante.

Page 28, ligne 11, de l'intervention *et* des tiers; lisez : de l'intervention des tiers.

Page 30, ligne 32, tant et de si dangereuses conséquences; lisez : tant et de si *funestes* conséquences.

Page 63, ligne 12, l'œuvre de salut; lisez : *l'arche* de salut.

www.ingramcontent.com/pod-product-compliance
Lightning Source LLC
Chambersburg PA
CBHW071328030726
47594CB00002B/590